FOYERS ET COULISSES.

Paris. — Typ. de Mme Ve Dondey-Dupré, rue Saint-Louis, 46.

FOYERS

ET

COULISSES

PANORAMA

DES THEATRES DE PARIS,

PAR

JACQUES ARAGO.

PARIS

CHEZ L'AUTEUR, RUE MAZAGRAN, 14.

1852

PRÉFACE.

A VOUS QUI VOULEZ SAVOIR !

On vous trompe, on les calomnie, on se fait un jeu de votre crédulité ; on vous présente des ogres là où l'on ne rencontre, en cherchant bien, que des appétits peu voraces et des consciences d'honnête homme.

Étudiez comme je l'ai fait ce pays si diversement tailladé, ces êtres exceptionnels qui le peuplent, et vous vous inclinerez en présence du tableau consolateur qui passera devant vos yeux.

Le comédien n'a pas une vie aussi murée que la vôtre, il la parcourt dans un palais de cristal, chacun y fouille d'un regard scrutateur ; chacun y cherche ce qu'il veut, ce qui le flatte ; et le spectateur irréfléchi voit, en deçà de la rampe, ce que la fiction lui montre au delà ; il croit à l'amour passionné dont il vient d'entendre le langage, à la haine, à la jalousie, aux terreurs, aux perplexités, aux catastrophes qui font le drame, aux parfums, aux caresses, aux perles qui brodent l'existence, il s'enivre des pressions de main, des baisers et des extases du comédien, et le voilà tout entier en lui son ami, presque son frère ; il le dote sans le moindre scrupule des travers, des vices, des ridicules ou des hontes dont le poète a pétri son héros ; quant aux vertus, elles s'effacent devant le souvenir des misères qui les emprisonnent, et les comédiens sont en général une race maudite.

A Paris l'épicier, le bonnetier, la corsetière, la blanchisseuse, la modiste, le brodeur ne connaissent pas de plus effrontés vauriens que Brindeau, Félix, Bressant ou Fechter; ils n'ont jamais vu de coquines plus débraillées qu'Augustine Brohan, Doche, Boisgontier, Page, Figeac, Luther, Duval et Ozy; ils frissonnent au contact de Ligier, de Frédérick Lemaître, de Saint-Ernest, et ils sont étonnés de coudoyer, sans les voir rire au moins du bout des lèvres, Régnier, Arnal, Grassot, Percy, Sainville, Ravel, Laurent et Sainte-Foy.

Quant à Mmes Madeleine Brohan, Rose Chéri, Decroix, Mayer, Miolan, Taigny et vingt autres, ce sont des hypocrites dont on ferait bien de se sauver, comme du contact d'une vipère enroulée sous un berceau de fleurs... Gare la piqûre.

Tout cela serait triste, si ce n'était absurde; mais, que voulez-vous? l'absurde pave le monde, et ce n'est pas vous, ce n'est pas moi, dont le scalpel n'effleure guère que l'épiderme, qui changerons la direction de ces moutons de Panurge si bien parqués dans la Beauce et la Champagne.

Essayons cependant, et pourvu que je ramène une seule brebis égarée dans la bonne voie, j'aurai atteint mon but. Encore un mot, encore des chiffres, je défie Condillac de leur donner un démenti.

Nous avons en France trois ports : Brest, Rochefort, Toulon, appelant à eux les hommes que les lois ont éloignés de la société ; ils sont 7,903... Lisez :

Anatomistes, chirurgiens, officiers de santé, 10. — Armuriers, 7. — Artistes vétérinaires, maréchaux ferrants, 65. — Barbiers, coiffeurs, perruquiers, 27. — Batteurs en grange, cultivateurs, jardiniers, 1,257. — Bergers, chevriers, bouviers, 85. — Bijoutiers, joailliers, orfévres, 27. — Blanchisseurs, buandiers, bonnetiers, fabricants de bas, 6. — Bottiers, cordonniers, savetiers, 268. — Bouchers, charcutiers, 67. — Boulangers, pâtissiers, 75. — Bourreliers, carrossiers, selliers, 23. —

Boutonniers, brodeurs, passementiers, 25. — Brasseurs, 5. — Briquetiers, chaufourniers, plâtriers, tuiliers, 44. — Bûcherons, charbonniers, sabotiers, 63. — Buffletiers, chamoiseurs, corroyeurs, tanneurs, 32. — Cafetiers, glaciers, limonadiers, 19. — Calfats, 2. — Cardeurs, fileurs de laine, drapiers, 71. — Carriers, mineurs, 74. — Cartonniers, 17. — Chapeliers, 26. — Charpentiers, charrons, mateurs, perceurs, 170. — Charretiers, cochers, postillons, 129. — Chaudronniers, étameurs, 22. — Ciseleurs, graveurs, sculpteurs, 25. — Cloutiers, forgerons, serruriers, 197. — Commis, écrivains, employés, 72. — Confiseurs, distillateurs, 7. — Cordiers, fileurs et peigneurs de laine, 72. — Couteliers, repasseurs, 18. — Couvreurs, 28. — Cuisiniers, restaurateurs, traiteurs, 61. — Dégraisseurs, teinturiers, 29. — Dessinateurs, doreurs, peintres, 56. — Domestiques, 251. — Droguistes, herboristes, pharmaciens, 3. — Ébénistes, layetiers, menuisiers, 191. — Ecclésiastiques, 7. — Fabricants de toute espèce, 27. — Ferblantiers, lampistes, 19. — Fonctionnaires publics, 3. — Fondeurs, mouleurs, plombiers, 32. — Fumistes, poêliers, 7. — Gardes champêtres, gardes forestiers, 17. — Gaziers, rubanniers, 3. — Géomètres, opticiens, 8. — Homme de lettres, 1. — Hommes de loi, 5. — Horlogers, mécaniciens, 41. — Imprimeurs, libraires, 36. — Instituteurs, maîtres de pensions et d'écoles, 43. — Journaliers, terrassiers, 1,111. — Maçons, plafonneurs, 479. — Marbriers, scieurs de pierres, 15. — Marchands de toute espèce, 363. — Mariniers, pêcheurs, marins, 111. — Matelassiers, 10. — Meuniers, 92. — Militaires (sans professions et compris les douaniers et les garde-côtes), 112. — Musiciens, 7. — Négociants, 13. — Notaires, 5. — Ouvriers en soie, 32. — Ouvriers non désignés, 68. — Sur les ports, 78. — Papetiers, 3. — Paveurs, 7. — Pompiers, 0. — Potiers d'étain ou de terre, 13. — Poulieurs, tabletiers, tourneurs, 72. — Propriétaires, 50. — Quincailliers, 4. — Rentiers, 3. — Rouliers, 8. — Scieurs de long, 149. — Tailleurs de pierre, 62. — Tailleurs d'habits, 170. — Tapissiers, tisserands, 2. — Tonneliers, 376. — Vanniers, 30. — Voiliers, 11. — Métiers, professions non désignés ci-dessus, 292. — Sans métiers ni professions, 161. — Vitriers, 10. — Comédiens, 2, dont un d'origine étrangère.

Concluez !.....

OPÉRA.

Selon les goûts, les caractères et les humeurs, ceci est un parfum qui enivre doucement les sens et la pensée, ou une exhalaison douloureuse à l'odorat et pesante à la poitrine.

Je me place, moi, être bizarre et non compris, dans la première de ces catégories; et la preuve, c'est que je me complais d'avance au récit que j'entreprends, c'est que je trouve de l'harmonie dans ce désordre que je vais tâcher de régulariser à votre profit, et qu'à tout prendre la monotonie du bien est plus triste, plus écrasante mille fois que la variété du mal.

La lente majesté du fleuve promenant ses eaux sur des plaines nivelées et dans un lit creusé pour lui m'assoupit et m'énerve, tandis que je me réveille à la voix sonore de la cataracte qui tombe du plateau dans le gouffre et bondit ensuite de roc en roc en tourbillons neigeux, pareil à un essaim de chèvres blanches sur la cime des Pyrénées.

Pourquoi l'œillet produit-il sur mon cerveau l'effet du vin de Champagne? Pourquoi le lilas m'endort-il? Pourquoi la rose me fait-elle verser des larmes? Pourquoi l'aspect de certaines jolies femmes me soulève-t-il le cœur, tandis que la présence de certains visages sans grâce et sans régularité appelle mes regards? On sent ces choses-là, on ne les explique pas; elles sont parce qu'elles sont : voilà tout.

Quand je dis que mes regards sont flattés ou blessés par de certaines images, il est bien entendu que je ne vous parle que du passé. Les ténèbres n'ont point de reflet; ma vue, c'est ma mémoire; et malheureusement chez moi la mémoire est au cœur...

Dans le foyer pirouettent, sautillent, gambadent, piétinent, jacassent les *marcheuses*, les *figurantes* et les *rats*. Ces derniers sont ainsi nommés, parce qu'ils vivent dans la maison et de la maison ; ils y gratignent, ils y nichent, ils y poussent comme des champignons. Un rat, hors des coulisses et du foyer de l'Opéra, est tout désorienté ; il se trouve dans un monde à part, dans un monde inconnu, abhorré. L'air libre est lourd aux poumons du rat dont je vous parle ; il veut l'odeur du quinquet, la flamme du gaz ; il s'accroche à la corde huileuse, il se cramponne aux portants de la coulisse ; il cherche un sol de planches, un ciel de toiles, une marche de sauterelle, une parole cadencée ; et puis, dans le lointain, un beau lustre, un parterre, des loges flamboyantes, de magnifiques toilettes et des binocles braqués sur ses appas naissants. Le rat de l'Opéra ne craint pas le matou. Le matou du rat de l'Opéra, c'est l'habitué de l'orchestre, vieux ou jeune, peu importe.

Chaque rat a son matou de prédilection ; mais il est inconstant par nature et par calcul ; l'unité lui déplaît : deux matous lui suffisent à peine ; ceci sans calomnie.

Les figurantes se rajeunissent, c'est dans l'ordre ; les rats se vieillissent, c'est une tactique. Les premières veulent continuer plus longtemps, les derniers commencer plus tôt ; ceux-ci ont des mamans qui les favorisent dans cette ardeur de virilité ; les mamans des autres ont passé des joies de la terre au silence de la tombe... Paix à elles !

Les rats et les figurantes ne se jalousent pas ; entre eux il y a presque toujours communauté de biens et de profits. L'égoïsme est un vice inconnu des rats et des figurantes de l'Opéra.

Je vous ai parlé de marcheuses. Il y a des marcheuses à l'Académie nationale de musique ; il y en avait sous Duponchel, sous Véron, il y en a eu sous l'Empire, il y en aura toujours.

Les marcheuses sont ces grandes et belles filles que vous voyez à la suite des corps de ballet ou des fêtes publiques, montrer aux regards de la foule leurs beaux yeux noirs ou bleus, leurs belles chevelures à elles ou d'emprunt, leurs jarrets taillés comme ceux de la Diane Chasseresse, leurs gorges et leurs épaules pareilles à celles de la Vénus de Milo..... presque aussi ébréchées, quoique moins antiques. Les marcheuses de l'Opéra ne sont point à dédaigner, je vous le jure.

Je vous ai dit qu'il y en avait du temps de l'Empire, et cela est vrai. A cette époque brillante, toute diamantée par nos conquêtes, les grands officiers du grand capitaine, avec leur grand sabre, leur grand uniforme et leurs grandes moustaches, venaient souvent dans les loges de l'Opéra étaler aux regards de la foule ébahie l'orgueil de leurs cicatrices et de leur idiome des camps. Chacun d'eux avait une marcheuse à sa disposition, et, comme les feux croisés de deux batteries rivales, les regards des vainqueurs et des vaincus se heurtaient dans la salle en vives étincelles. C'était encore là l'image de la guerre; et à peu de chose près, nos vieux braves pouvaient se croire de nouveau sous les murs du Kremlin ou aux portes de Vienne.

Un jour qu'au milieu des cris de vive l'empereur! mille fois répétés, une loge s'ouvrait au spectacle du triomphe de Trajan : « Qu'est-ce que cela? s'écria Napoléon désappointé; quels monstres le Romain traîne-t-il à sa suite? Est-ce pour de pareils magots que ma libéralité s'étend sur ce théâtre? je veux une réforme, une réforme complète; qu'elle ait lieu demain, ou je me fâche. »

La volonté du maître était un fait accompli.

Le directeur et les régisseurs de l'Opéra se mirent en quête de belles marcheuses, une presse sévère eut lieu dans toutes les maisons tolérées de la capitale, et les coulisses du plus brillant théâtre du monde se peuplèrent de vierges-folles, qui trouvèrent leur compte à cette violation inusitée du domicile.

Vous connaissez le temple, étudiez les desservants; il y a profit à de semblables analyses, l'intelligence a son scalpel, disséquons le moral et le physique de l'armée belligérante.

ROGER.

Le larynx ne fait pas plus la fortune du chanteur que la plume celle de l'écrivain; j'ai connu un emballeur qui moulait admirablement à la course les adresses confiées à ses soins; j'ai entendu un marchand de peaux de lapin dont le timbre est aussi pur, aussi argenté que celui des cloches de *Notre-Dame des Lorettes.*

On chante faux avec une voix métallique, on peut écrire des niaiseries avec une plume d'or. Le travail, la méditation, la persévérance, voilà les trois mobiles des succès durables, de ceux-là seuls qui font les réputations, qui bâtissent les renommées.

Roger savait ces grandes vérités de tous les temps et de tous les pays, quand il essaya ses premiers pas dans cette carrière si périlleuse du théâtre; aussi faut-il voir après combien d'incertitudes et de tâtonnements il est arrivé, non pas au poste qu'il occupe aujourd'hui, mais bien à celui qu'il se fit quand on commença sérieusement à s'occuper de lui. Il a voulu être comédien, n'importe où, n'importe comment; les planches, les coulisses, la rampe, du rouge, des paillettes, un lustre, la foule attentive, il n'a d'abord demandé que cela, mais petit à petit la feuille de mûrier devient manteau impérial, et vous savez quelles sont les puissances qui trônent maintenant sur la première scène du monde.

J'ai dit autre part, dans bien des pages, la vie artistique de Roger; ce petit livre est si exigu qu'il me condamne à plus de réserve; chacun y occupe peu d'espace, et, pauvre piéton, je dois me soumettre aux difficultés de la route qui m'est tracée; que vous apprendrais-je, d'ailleurs? N'avez-vous pas vu la foule enthousiaste acclamer, à l'Opéra-Comique, les triomphes de Roger? N'entendez-vous pas encore ces applaudissements frénétiques qui saluaient l'*Eclair*, *la Part du Diable*, *Haïdée*, *le Domino Noir*, *la Dame Blanche*, *la Sirène*, et vingt autres chefs-d'œuvre que le génie des Auber, des Boieldieu, des Halévy a jetés en pâture à notre admiration? Roger pourtant a voulu jouer *les Arnal* !!! Deux lignes de points d'exclamation ne traduiraient pas ma colère, et je ne sais pas trop pourquoi je presse encore parfois la main à ce virtuose Roger, qui se serait à coup sûr montré fort dramatique dans *les Gants jaunes*, *le Mari de la Dame de Chœurs*, *Renaudin de Caen*, *les Cabinets particuliers*, *l'Humoriste* et *Riche d'amour*, cette stupide pléiade de délirantes bouffonneries comme en rêvent seuls les Duvert et Lauzanne, les Bayard, les Lockroy, les Varin, par qui l'on rit en France.

Certes, ce changement de direction dans les études de Roger est fort malheureux sans doute, mais le sage accepte la condition que le ciel lui impose. Roger, vous et moi, courbons-nous sous cette verge de fer qu'on appelle hasard ou fatalité; puis marchons dans la vie jusqu'à l'heure où la grande horloge criera... Elle criera ce qu'elle voudra; en attendant écoutons Roger, les moments d'extase sont si courts !

On disait: Si sa voix touche au Grand Opéra,
Ce qu'elle a de brillant bientôt s'éclipsera.
Il arrive, on écoute, et dans le cirque immense
Un bravo général retentit, recommence,
Et du cintre au parterre un vaste écho répond...
Après Duprez premier, règne Duprez second.

BRÉMONT.

J'aime la mélodie de l'orgue, comment ne voulez-vous pas que j'aime celle de Brémont ? Cela est grave et solennel, cela rappelle les beaux jours de Levasseur, à qui nous devons un regret! Brémont est une puissance.

Mme LABORDE.

Pureté cristalline, élégance dans la phrase, timbre mélodique : telles sont les qualités qui distinguent cette cantatrice dont les deux Amériques saluent le nom avec autant de bonheur que nous-mêmes :

Elle pince si bien et dièze et bémol,
Qu'on la dit en tous lieux la sœur du rossignol :
Moi, je trouve toujours sa note si coquette,
Que je *la* crois plutôt *la* sœur de *la* fauvette.

Trois *la* dans un même vers ! Pourquoi pas, puisqu'il s'agit d'une cantatrice d'un si grand mérite ? Trouvez mieux.

GUEYMARD.

Il est arrivé, il a fait sa trouée à travers la foule des ténors qui se heurtaient, et il s'est placé en première ligne.

Le médium de Gueymard et ses cordes basses ne sont point irréprochables; mais ses notes élevées ont une puissance magique : elles visitent avec la même sonorité toutes les parties de la salle; elles arrivent nettes, posées, distinctes... Gueymard appartient désormais à l'Opéra, comme l'Opéra appartient à Gueymard; il en a fait sa conquête. Depuis *Guillaume Tell* surtout, Gueymard a grandi de vingt coudées, et les beaux jours de Duprez renaissent avec lui.

Le voilà donc cet *ut* objet de tant de veilles,
Cet *ut* triomphateur, merveille des merveilles,
Cet *ut*, vrai casse-cou de l'avide ténor,
Ut sacré, fabuleux, valant son pesant d'or;
Ut qu'on cherchait toujours sur cette boule ronde,
Ut qui devait enfin faire le tour du monde,
Ut, vainqueur des houris aux magiques appas,
Ut frénétique, auquel Auber ne croyait pas;
Cet *ut* est arrivé, ce grand *ut* de poitrine,
Cet *ut* pyramidal, cet *ut*, ce fameux *ut*,
S'échappant du larynx, du ventre, ou de l'échine,
Cet *ut* qui des ténors fut constamment le but;
Cet *ut* qui dans les airs, fit naître tant d'orages,
En jetant sur le *sol* maint ténor démonté,
Le voilà donc cet *ut* plus haut que les nuages,
Cet *ut* impérial, incroyable, indompté,
Cet *ut* qu'avant Duprez l'on disait impossible...
Sur lequel on visait comme sur une cible,
Le voilà, garde-le, mets-le bien à l'écart,
Qu'il soit fêté, choyé, quoi qu'arrivant fort tard;
Nourris-le, ce glouton, cet *ut* hyperbolique,
Cet *ut* fils de l'enfer, cet *ut* chaud, diabolique,
Cet *ut* qui vaut cent *fa*, mille *ré*, cinq cents *mi*.
Quatre cent mille *sol*, qu'on ne tient qu'à demi,
Ut qu'on ne peut lancer qu'en allongeant la lèvre,
Ut qui fait frissonner, *ut* qui donne la fièvre,

Ut beau, tel que jamais on n'en fit de plus beau,
Ut qui saura creuser, hélas! plus d'un tombeau.
Ut crâne, *ut* assassin, *ut* vraiment incroyable,
Ut qu'on a si longtemps chez nous traité de fable,
Cet *ut* qu'après vingt ans tu viens de faire tien,
Garde-le, cher Gueymard, moi je quitte le mien.

A présent qu'on a tiré *Duprez au clair*, félicitons-nous de notre nouvelle conquête, Gueymard a son *ut*, restons-en *là*. Gloire au soleil naissant! salut, ut!

CERRITO-SAINT-LÉON.

Il y a fraude : Cerrito ne fait plus partie des nymphes de l'Académie nationale de musique, *l'ingrate*. Je dis bien, l'ingrate s'est élancée, et en deux bonds est arrivée à Madrid, où pleuvent sur elle les diadèmes de fleurs et les diadèmes de rubis.

Cerrito, je suis bien aise d'oublier ton petit nom ; je te maudis de ta fuite ; et peut-être te rappelles-tu ce quatrain que je t'adressai à Londres, lorsque tu nous menaças d'un voyage à New-York :

Jeune fille de l'air, subis la loi commune,
Et loin de tes amis ne va plus t'enrôler ;
N'est-on pas possesseur d'une immense fortune,
Alors qu'on peut *voler?*

Je retire mon quatrain, je renie mon calembour. Puisse l'atmosphère de Madrid t'étouffer sous ses embrassements! Zéphir et Flore devraient habiter le même domaine et ne jamais se quitter : la danse, comme la musique, a son harmonie.

CHAPPUIS.

Encore un ténor! il en tombe des nues. Roqueplan n'est pas assez sot pour s'armer d'un parapluie ; il les recueille, et il a raison, quand ils sont pétris comme celui dont je vous parle. Voix ample, facile et légère : on applaudit toutes ces qualités chez Chappuis ; à qui je reproche, pourtant... — quoi donc? — son amour immodéré de la chasse.

La digression est permise au narrateur qui avance dans

la vie ; écoutez : Chatou attire à lui dans les beaux jours de septembre une partie des flâneurs de la capitale. Morelli, que je vais pincer tout à l'heure, possède à Chatou une bicoque, un chalet, un cottage, un château, un palais, plus un parc et quelques allées appartenant à tout le monde. Armé de son fusil, le ténor va visiter le baryton, et les voilà, chiens d'arrêt, attendant le lapin au passage. . Il en passe un, le seul de tout le pays, vrai patriarche grisonnant, sentant les catacombes, oublié des meutes en laisse... Chappuis ajuste, le coup part. O miracle! la pauvre bête pousse un râle lamentable; et voilà mes deux triomphateurs apportant leur trophée à Mme Morelli.

Ciel! enfer! l'avertisseur de l'Opéra... — Que venez-vous faire ici?—Vous chantez ce soir *la Muette*, monsieur Chappuis ; voici l'ordre.—Mais c'est un guet-apens ; on ne chante pas *la Muette*.— On la chante, monsieur, et *la Reine de Chypre* ce soir gardera le silence.

Chappuis s'arrache les cheveux et se dirige en fureur vers le chemin de fer; Morelli rit dans sa moustache et se moque de son camarade désappointé. Ils arrivent tous les deux à la porte du théâtre... Misères humaines! l'affiche a été changée une seconde fois : Fenella se taisait, et c'était Morelli qui devait *barytonner la Favorite*... Chappuis prit cruellement sa revanche, et Morelli n'oublia sa déconfiture qu'aux bravos de la foule accourue pour l'entendre.

J'ai goûté de la victime, je parle du lapin, elle était très-dure, horriblement dure ; elle me rappelait les pingouins, les phoques et les vautours que j'ai dévorés aux Malouines après un affreux désastre, et auxquels on ne peut comparer que la semelle des bottes les plus bretonnes.

Chappuis, Morelli, je ne vous pardonne pas le hideux souvenir que vous jetez dans ma cervelle ébréchée, et dans mon estomac prêt à se soulever de dégoût!

MASSOL.

C'est une vieille connaissance dont le départ a fait un vide à l'Opéra, mais qui vient de réparer le tort de son escapade par un retour que nous appelions de tous nos vœux.

Massol possédait *un castel en* 1846... Le castel existe toujours frais, joyeux et sans brèche, celui-là... J'y demande un asile.

MERLY.

Soyez le bienvenu ; car vous n'avez point de contradicteur ; car vous ne comptez parmi nous que des amis ôtant leurs gants pour vous applaudir : le bruit est moins sourd.

MORELLI.

Je savais qu'il m'arriverait, malgré le sort, malgré la chasse, malgré le lapin et malgré Honorine. Le voici, je m'en empare.

Il est bien taillé, très-beau garçon, bien élevé; il est de race ; et ce ne sont là pourtant que les moindres qualités du baryton émérite qui sait son art comme vous votre alphabet.

Les Italiens laissèrent partir Morelli, devenu notre concitoyen. Il visita de nouveau la belle Ausonie, se retrempa au ciel de Milan, revint encore, courut à Madrid, où ses triomphes ajoutèrent quelque chose à son talent déjà si distingué, puis se remontra de nouveau à Paris, et l'y voilà, certes, ancré pour toujours.

La voix de Morelli est sympathique comme une caresse fraternelle; mais c'est sa méthode surtout qui lui vaut la place qu'il occupe dans l'estime des connaisseurs, c'est elle qui fait sa réputation, j'allais dire sa renommée.

Quand tu viens, Morelli, par un charmant lien,
A la nôtre d'unir ta vie,
Garde ton chant italien,
Mais que ton cœur aimant soit de notre patrie.

Et puis je te promets lièvres et lapins pour ton parc de Chatou, à la condition, toutefois, que Chappuis les laissera en repos..... Ne faut-il pas que tout le monde vive? Aujourd'hui Guillaume-Tell chante par la voix de Morelli... que les barytons passés et présents s'inclinent ; leur chef est là.

PLUMKETT.

Les bonheurs ont leurs caprices, car voilà une toute gracieuse personne à côté d'un beau garçon qui peut la voir et lui presser la main. Quant aux petits pieds de la danseuse, ne les cherchez pas, ils voltigent si vite qu'on se fatigue à les suivre.

Est-ce un sylphe, un duvet, une feuille de rose?
Est-ce un doux Alcyon au cri faible et plaintif,
Quand loin de sa compagne on l'enchaîne captif?
Tout cela, c'est Plumkett qui se métamorphose.

Les rimes m'appartiennent, la pensée est à ceux qui voient, mon devoir est d'écouter ce que l'on dit là et là, et de recueillir sur mon livre pour l'instruction de tous.

FLEURY. — AYMÈS.

Le premier mérite son nom, le second a droit au nom du premier. Ils sont tous deux ténors légers, et je plaindrais Roqueplan du tort que le départ de l'un des deux ferait au théâtre.

PETIPAS.

Petipas! que lui importe à lui de les faire grands ou petits, puisqu'il ne se fatigue jamais à la course! Vous le voyez partir, monter et retomber..... je ne l'entends pas.

Mme TEDESCO.

Combien a-t-il fallu de temps à cette belle femme pour se créer chez nous une réputation?..... Un jour, une heure, quelques instants, une phrase. C'est là une cantatrice complète, une de ces organisations privilégiées qu'on cherche et qu'on ne trouve qu'à de rares intervalles..... Mme Tedesco est taillée pour les reines. Si vous l'écoutez dans la Berthe du *Prophète*, vous rentrez chez vous la tête et le cœur bercés de chastes mélodies, le cœur et la tête empreints de douces pensées.

Mme POINSOT.

Encore une belle femme, encore une belle fille, encore

un beau talent dont *les Huguenots* et *Robert* ont assuré le triomphe. Donnez-lui une création, et vous verrez où s'arrêtera l'enthousiasme.

Mlle DAMERON.

Salut! trois fois salut à cette gentille cantatrice que je vous défie bien de ne pas aimer, si vous l'avez vue, que je vous défie bien de ne pas applaudir si vous l'avez entendue. Le génie choisit à merveille ses favoris et ses favorites, il ne veut pas d'un sol stérile, et les conseils viennent en aide aux facultés que la nature a données. Mlle Dameron est une des pierres les plus précieuses du diadème de l'Opéra.

Mme MASSON.

Tiens, *lis, Masson*, lis ce rôle et fais-le valoir. Il n'en faut pas davantage pour que le rôle ait de l'éclat, pour qu'il rayonne dans la vaste enceinte, pour qu'il fasse crier bravo aux dilettanti accourus à l'appel. Cet éloge est *franc... Masson.*

BAUCHEZ.

Des Bauchez à côté de Mlle Masson!..... quel contraste, quelle impossibilité! La vertu impose comme le talent, et malgré tout son mérite, Bauchez rentrera chez lui le cœur plein de regrets, comme vous, comme moi, comme nous tous.

MÉRANTE.

Si je les avais, *Mérante,* je les offrirais à..... vous êtes trop curieux, vous ne saurez pas à qui j'en ferais hommage.

Mlle PRIORA.

Je me fais l'écho de tout le monde; on m'assure qu'elle vient de Rome; ce n'est pas vrai, c'est la fille de l'air, c'est le flocon de neige, c'est le duvet promené par la brise, c'est la jeune nymphe touchant le sol pour ne pas quitter ses compagnes, c'est la fleur qui se penche, c'est l'abeille qui voltige, c'est la grâce et la légèreté sous le même corset, c'est le goût et l'élégance sous la même gaze, c'est aussi le feu dans le regard..... Mais pourquoi n'y a-t-il pas le sourire sur les lèvres? Croyez-moi, Priora, coquetterie n'est pas vice, et la grande école dont vous êtes le vrai modèle, ne défend pas de montrer ses dents aux admirateurs qui ne veulent rien perdre des richesses offertes à leur avidité.

Taglioni, Priora..... tirez au sort.....

Sous l'arc de tes sourcils une flamme étincelle;
Dans les cœurs haletants un feu brûlant ruisselle,
Alors que dans les airs on suit en vain tes pas,
Et puisqu'un Dieu puissant te créa noble et belle,
Aux généreux instincts cesse d'être rebelle...
Le marbre seul ne sourit pas.

SAINT-LÉON.

Montrez-lui de votre loge le bouquet que vous lui destinez, mais ne le lui jetez pas, il saura bien monter le prendre et descendre avec lui.

Personne, pas même Paul l'Aérien, n'a eu tant d'élévation; il danse comme l'oiseau vole; et ne croyez pas que tout son esprit soit dans ses jarrets..... Saint-Léon est plus artiste que cela; il imagine, il compose, il crée des sujets de ballets ravissants à l'œil et parlant à la pensée comme la poésie d'Hugo, comme celle de Musset, de Ségalas et de Valmore.

Vous savez comme ce grand artiste joue du violon, ici je suiscompétent, et j'admire à mon tour.

GIRARD.

Je me plais tellement dans l'harmonie des sons, qu'il m'arrive souvent d'oublier mes ténèbres lorque j'écoute une musique sérieuse. Ne vous étonnez donc pas si j'envoie d'ici à M. Girard, l'habile chef d'orchestre du lieu, les témoignages de ma profonde gratitude. Dorus, Altès, mon jeune ami, Allard, Senger, Verroust, Norblin, merci à vous qui pensez peut-être un peu au pauvre Bélisaire qui pense beaucoup à vous, et qui vous quitte cependant pour de nouvelles analyses.

Mlle ROBERT.

Les déesses dansent là-haut, j'ignore sur quel parquet, les nymphes dansent aussi, je ne sais sur quel gazon, mais les unes et les autres doivent le faire avec une dignité, une grâce, une élégance parfaites, si elles prennent pour modèle Mlle Robert, qui n'a pas besoin que l'intelligent David donne le signal pour que les bravos éclatent dans toutes les parties de la salle... Aux trépignements de la foule, je devine que Mlle Robert fait ses pointes et voltige devant la rampe.

Mlle MARQUET.

On l'aime pour sa silhouette toute gracieuse, on l'applaudit pour la suavité de ses poses, on crie bravo pour la souplesse andalouse de ses mouvements, où dominent la décence et le bon goût. Oh ! si l'on pouvait écouter la danse comme la musique! l'aveugle ne serait pas si à plaindre!

FERDINAND PRÉVOST.

Il n'occupe pas seulement sa place, il la remplit avec distinction ; aussi ne cherche-t-on pas à la lui disputer.

Mlle NAU.

Son nom s'était glissé dans une fissure de l'urne ; heureusement la fioriture et la cadence ont retenti, et j'ai cru voir se dérouler sous mes doigts un magnifique collier de duchesse... Bonjour à Mlle Nau... Bonsoir à l'Opéra.

COMÉDIE-FRANÇAISE.

Peu d'habitués, peu de visiteurs, peu d'artistes. On y vient parce que c'est un foyer, parce qu'on s'y serre la main, parce qu'on y arrange son rouge, sa poudre ou son jabot, mais non point parce qu'il y a des souvenirs de gloire éteints par l'habitude et le sentiment de sa propre valeur.

RACHEL.

Vous la connaissez, je la connais, la France la connaît, l'Europe la sait par cœur; on bat des mains ici, là, partout, c'est à briser le tympan.

Rachel, quand du Seigneur la grâce protectrice
Te créa d'un seul mot reine de la coulisse,
Et releva par toi le culte des beaux-arts,
C'est qu'il voulut encore évoquer les voix mortes
D'Athènes, de Stamboul, de Memphis aux cent portes,
Et nous montrer debout la cité des Césars.

SAMSON.

De ses défauts il s'est fait des qualités, et à force d'études il est devenu ce qu'il est, c'est-à-dire Samson, c'est-à-dire encore un esprit fin et délicat, un observateur profond, un admirable diseur.

Samson écrit de charmantes comédies en prose et en vers; Samson est une des plus fermes colonnes de ce théâtre qui a subi tant de révolutions, et qui, sous la haute intelligence de M. Arsène Houssaye, se consolide chaque jour... bloc de granit.

PROVOST.

Il est fort aux échecs, il est fort aux dominos, il est fort aux dames, il l'est bien plus sur la scène; mais là nous ne le craignons pas, nous l'aimons, et nous disons bravo, avec le parterre et avec les loges.

Cherchez, cherchez encor, fouillez dans maint dossier,
De nos bureaux poudreux feuilletez les registres,
Vous ne trouverez pas parmi nos grands ministres
Un plus solide *financier*.

GEFFROY.

Peintre sur la toile, peintre sur la scène, la comédie lui va bien, la tragédie lui va mieux; je lui devais un quatrain, je le lui donne tel quel; tant pis pour moi si l'on me siffle.

J'ai froid, non pas alors qu'il occupe la scène;
J'ai froid, non pas alors qu'il est Valet ou Roi :
Chez Thalie en grelots, ou bien chez Melpomène,
Nul de nous ne peut dire en l'écoutant : *Geffroy*.

Que voulez-vous ! la maladie est devenue chronique, on ne m'a pas assez corrigé dès mon bas âge.

Mlle AUGUSTINE BROHAN.

Organe pénétrant sans être criard, regard téméraire sans être provocateur, sourire plein de charme, démarche aisée, peu de gestes et sans prétentions, telle est Augustine Brohan, tel était le modèle où elle a puisé ses premières leçons, telle était Suzanne Brohan, la mère d'Augustine et de Madeleine... Bon sang ne peut mentir, talent oblige.

A l'une la coquetterie,
Le sourire et l'espièglerie,
A l'autre les soupirs, les baisers et les pleurs :
C'est partager en bonnes sœurs.

Mlle MADELEINE BROHAN.

Un cheveu, rien de plus, oui, telle est la conquête
Que je voudrais ravir à ce front adoré.
Qu'est-ce donc qu'un cheveu sur cette noble tête?
Cent fois moins qu'un épi dans un beau champ doré.

Si vous l'avez vue, si vous l'avez entendue, vous êtes doublement heureux. On m'assure qu'on devinerait presque le talent de Madeleine en étudiant sa silhouette, tant il y a d'harmonie dans toute sa personne. Toutes les femmes la trouvent belle, très-belle..... Concluez.

BEAUVALET.

C'est une organisation privilégiée, c'est un acteur taillé tout d'une pièce, qui a son idée à lui, ses façons à lui, ses allures à lui... J'aime ces natures vivant dans l'indépendance et la liberté.

Beauvalet a été très-beau dans les rôles de ses pièces et dans ceux qui lui ont été confiés par les maîtres de la scène ; il fut admirable dans *Caligula*.

Le talent de Dumas ne connaît pas d'entrave,
Tout crétin, tout héros est sur son chevalet.
Un jour pour nous montrer un misérable esclave,
Il fit poser un *beau valet*.

Ne vous ai-je pas dit que le calembour était en moi comme le parfum à la rose, comme le marais à la grenouille, comme la grâce à Madeleine... Choisissez !

RÉGNIER.

Ah ! par exemple ! en voici un que je vous défie bien de ne pas aimer dans son flegme sous la livrée ou l'habit du bourgeois. Régnier ne court point après les effets, ils viennent à lui ; il n'a rien de Samson, il n'a rien de Monrose, dont la comédie est en deuil ; il est lui, il ne veut être que lui, il perdrait à changer.

Insolent et bavard, hypocrite et railleur,
Le public dès longtemps apprit à le connaître ;
On peut nous défier d'en trouver un meilleur :
Un tel valet est passé maître.

BRINDEAU.

Vous connaissez cette charpente de beau garçon qui du Vaudeville est allé aux Variétés, et des Variétés ici. Scribe, notre maître à tous, le lorgnait, et un beau jour il fit si bien qu'il le casa rue de Richelieu, où ses progrès ont été rapides.

Il est beau, très-bien fait, il est rempli de grâce,
Et dès son premier pas il a conquis sa place.
Puis pour le *Verre d'eau*
Convenez avec moi qu'il fallait un *brin d'eau*.

Et de six... Envoyez vite chercher un docteur, le mal empire, j'agonise.

MAILLART.

Il joue la comédie comme on le fait quand on ne puise que dans ses inspirations. J'ignore s'il est sorti du Conservatoire, mais ce que je sais, c'est qu'il n'en a point la note régulière et cadencée, c'est qu'il n'emprunte rien à la tradition.

Entre vous et moi, Maillart, n'est-ce pas que vous aimez mieux les Variétés que la variété? Ceci est une malice connue seulement de vous et de moi.

LEROUX.

C'est un beau garçon, un bon diseur, un studieux comédien, qu'on aurait garde de laisser autre part qu'ici.

DELAUNAY.

Tout le monde en dit du bien. Donner un démenti à tout le monde serait faire preuve de mauvais goût; je suis de l'avis de ceux-ci et de ceux-là.

GOT.

Hu! Got! oh! le vilain nom... je me trompe, c'est un nom immense, qu'on ne prononce que le front courbé... Et de sept; on prépare ma bière.

MAUBANT.

Je ne sache pas qu'un auteur soit forcé de lui dicter l'esprit de ses rôles, ce serait courir grand risque de perdre au change; quand la source est pure, il ne faut pas la troubler.

MONROSE.

Le Théâtre-Français se voila de deuil à la mort du père. Le fils a quelques-unes des précieuses qualités de celui que nous pleurons encore.

N'est-ce pas qu'il est lourd un nom comme le tien?
N'est-ce pas qu'il est lourd un nom comme le mien?
Bah! bah! n'importe,
Fier qui le porte.

Talent oblige, je me répète ; Monrose fils n'a pas volé son titre de sociétaire de la Comédie-Française.

ANSELME. — GUICHARD. — ANDOUX.

Les trois n'en font qu'un ; vous savez qu'il en est ainsi là-haut. Ce n'est pas chose fort aisée que de bien porter une lettre, que de bien faire une annonce... Mlle Mars m'a dit souvent cette grande vérité.

RAPHAEL.

En tous lieux à grands pas la troupe se promène,
Cousins, frères et sœurs,
Des états de Thalie, ou bien de Melpomène,
Ce sont les ravisseurs.

Oui, sans doute, il y a là du talent, mais l'astre éclipse le satellite. Trouverons-nous encore quelque membre de la famille dans nos courses à travers les théâtres ? Espérons-le, loin de le craindre.

Mme MÉLINGUE.

Que de larmes n'a-t-elle pas fait verser ! que de pauvres cœurs n'a-t-elle pas brisés ! C'est une femme toute poétique qu'on aime, qu'on estime à la fois, et qu'on voudrait pourtant ne pas avoir vue quand on est près de la quitter.

Mme NOBLET.

Il est des réputations que le temps a consacrées, n'y touchons pas.

Mme MOREAU-SAINTI.

C'était une des colonnes les plus solides du grand théâtre de Bordeaux lorsque j'avais des cheveux noirs et des idées roses ; et je me rappelle un quatrain que je lui adressai plus tard, à la Renaissance, à propos de *Diane de Chivri*, de notre tant respectable Frédéric Soulié :

A ces accents sombres et doux,
Avec lesquels tu peins la folle,
Les spectateurs, sur ma parole,
De la folle deviennent fous.

Le nom de Mme Moreau-Sainti sera toujours fêté par

les amateurs de la bonne comédie; il y a des réputations qui avancent dans la vie sans s'affaiblir.

Mlle DENAIN.

J'ai *vu* ses premiers débuts, j'ai *entendu* ses derniers succès, j'ai battu des mains ici et là.

Mlle REBECCA.

Sœur de Rachel, que me veux-tu ? On cueille une fleur, deux, trois, quatre, cinq, six, on s'arrête là : vous ne me ferez jamais croire que Louis-le-Gros soit Louis-le-Grand. Ma pensée n'est peut-être pas bien claire, je n'ai pas le temps de la faire rayonner.

Mlle NATHALIE.

Juif est son nom, et juive sa figure,
Juif son regard, juive aussi sa tournure,
Juif ses cheveux, ses dents et son souris;
Mais son talent est de tous les pays.

Mlle MARQUET.

Soyez la bienvenue, charmante vignette à l'organe si suave et si doux! Vous avez fait votre nid dans ce théâtre privilégié; restez-y pour le bonheur de ceux qui aiment la bonne comédie et les bonnes manières.

Un jour on accompagnait à sa dernière demeure une pauvre ouvreuse des *Variétés*; Mlle Marquet suivait tristement le corbillard; et là-bas, là-bas, lorsque les prières furent dites, on allait jeter le cadavre dans la fosse commune. Mlle Marquet s'élance et dit d'une voix entrecoupée de sanglots : « Voici de l'or, prenez, achetez une croix sainte, et qu'elle abrite seule la pauvre femme, auprès de laquelle ses amis pourront venir prier et pleurer... »

Ceci, c'est du drame intime; Mlle Marquet y a un beau rôle.

Mlle BONVAL.

La Comédie-Française, déjà fort riche, a pensé qu'une pierre précieuse de plus à son écrin n'était point à dédaigner; et voilà pourquoi nous trouvons ici Mlle Bonval.

Mlle JUDITH.

Couvre ton front de fleurs, enivre-toi de fêtes ;
De ton œil aux cils noirs sans haine et sans courroux
Abreuve de bonheur qui t'implore à genoux.
Mais, de grâce, Judith, ne tranche point de têtes.

Il y a de la passion chez cette belle personne... Je ne parle pas de la femme; l'actrice seule est de mon domaine.

Mlle BIRON.

Te rappelles-tu, belle brune, un mauvais ouvrage de celui qui trace ces lignes et dans lequel tu te fis si justement applaudir? Je ne l'ai pas oublié, moi. Tu étais alors comédienne au Palais-Royal, te voilà maintenant au théâtre de la République ; les mots changent, mais pas toujours les choses.

Mlle RIMBLOT.

Tudieu, quelle belle femme! Tudieu, quelle noble tragédienne! Beauvalet a passé par là... Point de mauvaises pensées, je vous prie.

Mlle FIX.

Ce nom-là a l'air d'un commandement, avec ce mot-là on rend immobile une compagnie; mais les mains n'exécutent pas l'ordre, et on applaudit au frais talent de l'artiste, que le hasard a eu tort de reléguer au bas de ces pages... Ne m'en punissez pas, mademoiselle... Je ne le suis déjà que trop d'être forcée d'admirer sur parole.

Mlle SAVARY.

L'urne a été infiniment injuste pour Mlle Savary, qui tout d'abord s'est fait un nom pailleté; ce n'est pas du clinquant, c'est une valeur réelle, estimée comme le rubis et l'émeraude.

Mme THÉNARD.

Saluez! voilà de la verve, de l'ampleur; voilà une comédienne qu'on peut opposer aux plus habiles des temps passés, et qu'on met en première ligne aujourd'hui.

Mme ALLAN.

Elle nous vient de Russie, toute chaude, toute palpitante; elle a laissé là-bas les glaces de la Néva et les rafales du pôle... Le czar est un maladroit, je ne sais combien de fois j'ai répété cette grande vérité.

THÉRIC. — LEMERLE. — SOUBISE.

Encore une trinité qu'il ne m'est pas plus permis de séparer dans ce livre que je ne la sépare dans mon estime... Les accessoires complètent les tableaux.

Ouf! ma course a été longue, j'ai atteint le but tant bien que mal : qui fait ce qu'il peut, fait ce qu'il doit.

OPÉRA-COMIQUE.

Nous avons vu ce théâtre rayonnant sous Crosnier, chancelant sous un autre, agonisant sous un troisième; le voici splendide, éblouissant sous l'intelligence et la main de M. Perrin, dont les arts se glorifient.

Que faut-il pour bien gouverner des troupes masculines et féminines, toujours prêtes à s'insurger contre elles-mêmes? Il faut un chef qui s'isole, sans blesser la dignité des soldats, qui se fasse étranger aux petites rancunes, aux petites intrigues, aux petites haines, aux petites passions du cœur... Le chef a été trouvé, M. Perrin trône, l'édifice ne périra pas.

Au reste, jamais plus formidables bataillons ne défilèrent devant nous ; nous saisissons au collet ceux qui passent en bottes, en brodequins, en paletots, en cachemires, en chapeaux de feutre, en voilettes, en plumes, avec une voix descendant trois notes au-dessous du tonnerre, ou un timbre grimpant à mille mètres au-dessus des nuages

Dégageons-nous de toute prévention, et livrons notre examen au contrôle de plus habiles que nous.

Mme UGALDE.

Avez-vous jamais vu serpentant dans les airs
Ces feux que Ruggieri lance au sein des nuages,
Et qui vont s'éclipser au séjour des éclairs.
Comme ces jets brûlants précurseurs des orages?
C'est la gamme d'Ugalde escaladant les cieux,
 C'est la foudroyante merveille,
 Que peut suivre à peine l'oreille,
 Dans ses élans capricieux.

C'est encore... Au diable la comparaison poétique! J'aime mieux la finir en prose.

J'ai vu le saut du Niagara, et bien d'autres *sauts* encore, la chute du Rhin, la cascade du Pays-Brûlé à Bourbon, celle de Fatahua à Taïti, celles de Garet et de Grip dans la vallée de Campan, celle de Gavarny dans les Hautes-Pyrénées, celle du Réduit à Maurice ; j'ai étudié les plus magnifiques cascades du monde, et je m'en suis éloigné plein d'admiration. En voici une qui m'attire toujours à elle, et qui me rappelle toutes les autres. La voix de Mme Ugalde est une cascade permanente avec ses sifflements, ses ondulations et ses flouflous. Seulement, usant du privilége exceptionnel que lui a donné la nature, elle monte et descend à volonté, elle s'en va, revient, voltige et tourbillonne à écraser l'attention, à ne vous laisser de liberté que pour l'entendre et la suivre... Les cascades de Mme Ugalde vous donnent le vertige.

Persiani, Damoreau, Dorus, Laborde, Lefebvre et Miolan sont aussi des cascades ; elles plaisent, elles subjuguent, elles captivent, elles n'éblouissent pas. C'est du bonheur sans mélange, c'est une ivresse à jet continu... Les cascades de Mme Ugalde vous feraient peur, si l'enchanteresse ne vous avait point habitué au danger. Bah ! bah ! ne craignez rien, vous arriverez toujours avec elle dans un champ plus vaste, dans une plaine plus unie, sur un terrain tout pailleté de fleurs, et vous suivrez alors le flot, sans presque vous souvenir de vos émotions premières et de vos premières terreurs... Il y a de la magie dans tout cela.

BOULO.

Franchement, c'est un vilain nom ; plus franchement encore, c'est une voix sympathique, comme les plus sympathiques... Boulo chante dans toute l'acception du mot. Boulo s'impose, Boulo domine.

COUDERC.

A-t-il usé des joies de ce monde ! A-t-il abusé de celles du théâtre !... Fêté, caressé, dorlotté, praliné, beurré, confituré, Couderc est resté debout malgré tant de cajoleries. Après une fuite dont nous lui avons gardé rancune, il nous est revenu, toujours chaud, toujours passionné, mais avec un peu d'ébranlement dans la voix. Le bras s'use à la lutte, le pied à la course, la tête à penser; Couderc aurait dû réfléchir à cette grande vérité de tous les temps; mais le bonheur! mais l'ivresse d'un regard! mais le chatoiement d'une douce parole!... Je m'étonne, moi, que Couderc soit ce qu'il est, c'est-à-dire toujours plein de séve, toujours amusant ou dramatique.

JOURDAN.

Il est petit, n'est-ce pas? Qu'importe, si sa voix imprégnée de mélodies vous arrive à la tête et au cœur? On aime Jourdan, non pas seulement par ce qu'il est aujourd'hui, mais encore par ce qu'il a été; en peu de temps il a franchi un immense espace, il s'est posé en première ligne. Dès qu'il arrive, on se dit des loges et du parterre : C'est bien, le voilà, écoutons, battons des mains!

Qui chante mieux la romance que Jourdan? Cherchez; j'attends une réponse qui n'arrivera pas.

Mlle LEFEBVRE.

Jourdan n'est pas malheureux : les lois du destin tirent de l'urne, après le sien, le nom de cette délicieuse cantatrice, de cette charmante comédienne, dont la voix est à elle, sans escamotage, sans emprunt, sans subterfuge. Le médium de Mlle Lefebvre est plein, ses cordes basses sont sonores, ses notes élevées, d'une limpidité ravissante... Je ne sache personne qui s'inscrive en faux contre ces lignes, et je ne dis pas ici les instants de bonheur que je lui dois, au milieu de mes nuits si longues et si ténébreuses.

Elle jouait l'autre soir Benjamin dans *Joseph*; mon crayon était là, j'écrivis :

> Vraiment je ne suis pas ému par les alarmes
> Du vieux Jacob errant sur les bords du chemin,
> Et que guide, craintif, le pieux Benjamin.
> Aveugle comme lui, mes yeux seraient sans larmes,
> Si, comme lui, ma main pouvait presser ta main.

Mme FÉLIX.

Bonjour, melotte! bonjour, ma gracieuse pensionnaire de Rouen! bonjour, excellent cœur, femme bonne parmi les meilleures !... On me dit que ta taille, autrefois si svelte, a pris de la rondeur; je ne veux pas m'en assurer, j'aime mieux te rêver toujours fraîche et limpide, jeune et sourieuse, comme lorsqu'on ne croit ni à l'âge mûr ni à la vieillesse... Une quinzaine d'années changent un enfant n'est-ce pas? J'en sais quelque chose, moi dont les yeux flamboyaient, et qui les baissais cependant à l'éclat des tiens.

MOCKER.

Le voilà placé debout sur ses hanches, en mousquetaire, en maçon, en ivrogne, en amoureux, en niais, en bandit, en séducteur, et toujours à sa place.

Aujourd'hui Mocker administre la maison sous le regard dominateur du maître; vous savez la place qu'il occupe dans la hiérarchie du théâtre. Mocker laissera un nom *brillamment auréolé.* Je francise le mot qui rend ma pensée.

COULON.

Salut au nouveau venu, que nous avons vu timide comme une jeune pensionnaire aux accords du premier bal, et que le succès enhardit jusqu'à la témérité. Coulon a le cœur libre, j'en sais quelque chose; eh bien! tant mieux, sa tête y a gagné, sa voix aussi; les compositeurs lui donnent des créations, et le public s'en réjouit comme moi.

Cinq pieds huit, n'est-ce pas une bien haute taille?
Mais dès lors pourquoi nous dit-on,
Lorsque sa voix prend le *bas ton*,
Applaudissez, Messieurs, à cette *basse taille ?*

Coulon, tu vois que je ne me corrige pas de ma détestable habitude, quoique le calembour n'aille plus à mes allures de critique et d'observateur.

Mme FÉLIX MIOLAN.

Que voulez-vous? c'est là une de ces heureuses organisations devant lesquelles je m'incline et qui m'absorbent tout entier. La voix de Mlle Miolan me va droit à l'âme:

je me sens parfois une larme aux yeux, alors que m'arrivent harmonisées, comme un collier de duchesse, les fioritures délicieuses de cette cantatrice au goût si délicat, à la manière si distinguée... Duprez a passé par là, si je ne me trompe.

Ton nom est Miolan, ce nom convient aux chattes,
Qu'on ne nourrit jamais de dièzes ou bémols,
Pourquoi t'en appauvrir, toi qui n'as que deux pattes,
Et chantes comme au bois chante le rossignol ?

J'ai bien là d'autres quatrains à ton adresse ; mais on y trouverait peut-être une pensée du cœur plutôt qu'une pensée de la tête... Qu'ils meurent dans mes cartons.

BATTAILLE.

C'est un nom de guerre; je me trompe, c'est un nom de succès, c'est un nom de victoire. Un rôle a tout d'abord posé Battaille en première ligne, vingt autres rôles sont venus consolider cette réputation doublement acquise par le beau talent du chanteur, par le beau talent du comédien... Les mêmes mots ne disent pas les mêmes choses.

HERMANN LÉON.

On croirait qu'il y a du caprice dans le rare talent de ce chanteur; on dirait qu'il ne veut pas toujours *être lui*, c'est-à-dire une basse remarquable par ses cordes graves et la facilité de ses fioritures. La coquetterie ne va bien qu'aux femmes, et je ne sache point, Hermann, que vous portiez corset, jupons et collerettes.

Tu dois des remercîments à Grisar, qui te doit des sourires; grâce à vous deux, *les Porcherons* ont dominé nos crises politiques, et j'étais là-bas, là-bas, au Chili, la main dans la main d'un autre Grisar, frère de celui-ci, quand je reçus la nouvelle de votre double triomphe.... Je me crus près de vous.

Poursuis donc tes succès, Babylas; nous sommes là pour battre des mains : malheur à qui touchera aux *Mousquetaires* après toi !

Hier, dans le foyer,
Un homme
Qu'on renomme
Par les trésors divins dont il nous a dotés,
Disait en écoutant tes fières crâneries,
Qu'on eût dit s'échapper d'un bec des Canaries :
Je vais finir mon opéra,
Et comme Hermann le chantera,
Quand on voudra savoir les auteurs de l'ouvrage,
L'Acteur, aux trois saluts, Léon, te nommera...
Le pilote est celui qui conjure l'orage.

Ce que j'écris là, Hermann, c'est à toi de le justifier : tu le peux, tu le dois, les lauriers ne fatiguent pas.

AUDRAN.

Sans mon amitié pour lui, il aurait son quatrain ; je me rappelle ses débuts, ils furent éclatants; et depuis lors ses progrès se firent sentir à chaque nouveau rôle, à chaque création. Roger partit, Audran nous resta ; la douleur fut moindre, le deuil moins général. Oh! si j'étais indiscret, si je savais que la blonde lût ce livre sur la brune, tu ne serais pas blanc... Chante, crois-moi, chanter n'est pas roucouler, et nous t'écoutons avec bonheur. Bah! bah! puisque les rimes tombent sous ma plume, les voici :

Va chante, mon garçon, chante sous la feuillée,
Chante la nuit, le jour, le soir à la veillée,
Chante là-bas, ici, va, chante n'importe où...
Le pinson qui se tait, c'est comme le hibou.

On dit que tu nous quittes, mon brave ténor, hâte-toi de donner un démenti à cette nouvelle, ou, si elle est vraie, reviens, reviens vite, nous t'attendons les bras et le cœur ouverts; car nous aimons toutes les mélodies, celle de la voix et celle de la pensée. Songes-y bien, Audran, le deuil du mort se porte une année au plus, le deuil de l'exilé se porte toute la vie.

SAINTE-FOY—RIQUIER—LEMAIRE.

Riquier, Lemaire, Sainte-Foy,
Sainte-Foy, Riquier et Lemaire
Au spleen brûlant tous les trois font la loi,
Chacun d'eux est toujours celui que je préfère.

Je vous défie bien de ne pas rire s'il vous disent : Riez. La Comédie-Française, le Vaudeville, les Variétés, les boulevards n'ont pas d'acteurs plus comiques, de physionomies plus amusantes; ils font recette, et un acte seul leur suffit pour cela. *Bonsoir, M. Pantalon!* acceptez-vous mon *Rendez-vous bourgeois?* qu'en dites-vous, mes braves *Gentilshommes?* craignez-vous *Gilles Ravisseur...* ce serait ravissant. Je n'en finirais pas avec eux si je ne me faisais violence.

BUSSINE.

C'est une voix pleine et limpide, c'est un timbre mélodique, c'est une facilité de cadences et de roulades qui rappellent Martin, l'immortel chef de file de l'emploi. Si Bussine, dont la modestie égale le talent, ose oser davantage, il voyagera côte à côte avec le Martin des temps passés ; et je ne sais pas trop qui, dans l'avenir, marchera sur la même ligne.

Quand ta voix vibre à l'air, tu nous mets tous en joie,
C'est du satin lamé, du velours, de la soie,
C'est le flot promeneur à travers les bosquets,
C'est du gai Bengali les suaves caquets,
C'est la source joyeuse au pied de la charmille.
C'est le concert du soir au foyer de famille.

Mme LEMERCIER.

Voici de la crânerie : le tambour-major de la troupe féminine, le tambour-major sans cigare à la bouche, sans jurons aux lèvres, sans allures de cabaret. C'est de la crânerie, voilà tout.

Je voulais d'un quatrain saluer ta finesse,
De ton talent si vrai constater la souplesse,
Et vanter comme tous tes solides appas ;
Mais mon crayon oisif bâille dans sa paresse.
Le *quatrain en cinq vers*, tu ne le liras pas.

Mme MARIA MEYER.

C'est un talent frais et délicat; c'est une toute gentille personne, à laquelle on voudrait attacher un défaut capital pour l'aimer un peu moins... Tout cela est sympathique comme la fraternité.

On me dit que ses yeux sont un charmant miroir,
Et que contre eux en vain on voudrait se défendre ;
A vous donc, mes amis, le plaisir de la voir,
A moi le bonheur de l'entendre.

Si j'ai bonne mémoire, vous avez ajouté quelque chose à ma religion, un jour où, dans le temple de la Madeleine, votre voix retentissait, pieuse et chaste, à côté de celle de Battaille et d'Alexis Dupont.

Que m'apprend-on à l'instant ? Pardon, Mademoiselle ; bonjour, Madame ; j'attends des dragées.

BELLECOURT.

Jamais utilité ne fut plus utile. Vous verrez que son absence fera brèche au théâtre.

NATHAN—DUVERNOY.

N'attends pas un long article, mon brave ! Toi et Duvernoy, vous êtes absorbés par les têtes de colonne qui ne vous effacent pourtant pas de mon souvenir.

Mlle DECROIX.

J'espérais que de l'urne sortirait un nom obscur, et voilà que l'urne donne un démenti à mes prévisions... On ne sait comment varier l'éloge, tant il doit occuper d'espace dans ce petit livre. Au diable le talent ; il fatigue la plume de l'écrivain :

A droite, l'on me dit que sa voix est vibrante,
A gauche, que son rire est des plus gracieux.
Eh ! que m'importe à moi sa figure enivrante,
Puisque je vis, hélas ! sans soleil sur mes yeux !

Thompson, Johannot, saisissez votre burin, préparez votre cuivre, Mlle Decroix pose devant vous ; mais, faites-la causer, faites-la chanter, j'écoute.

Mme RÉVILLY.

Elle est comédienne des pieds à la tête, et cependant elle n'aura que peu de lignes dans ce petit livre ; car je lui garde rancune. Mon quatrain vous en dira le motif :

3

Toujours seule! Pourquoi? dis, est-ce une habitude?
Comme toi, j'ai souvent aimé la solitude,
Mais crois-moi, cœur sans cœur, on n'est jamais heureux,
Qu'à deux.

Vlan! Diane et Minerve, c'est trop de bénéfices.

DELAUNAY RIQUIER.

Du Conservatoire, il est venu là nous apporter *Il bondo cani*, moins le grand air, admirablement chanté jadis par M. Fay. Du premier pas, Delaunay s'est posé debout; le second l'a drapé dans son triomphe; et ce n'était pas chose aisée que de s'attaquer à *Joseph*, ce magnifique oratorio de Méhul, arche sainte de bien des chanteurs d'élite. Delaunay est sorti vainqueur de l'épreuve, et désormais il peut naviguer à toute voile sur cette mer orageuse qu'on appelle le théâtre. La mélodie acquiert de son charme au milieu des brises folles qui se jouent à travers les cordages et les voiles de la carène aventureuse.

PONCHARD.

Voici un beau nom, un nom magnifique, un nom qui ne périra pas. Le fils est l'élève du père. C'est un élève, soit; mais un de ceux que l'on avoue, un de ceux dont on se fait gloire.

CARVALHO.

J'aime le créole, j'aime cette nature douce et forte à la fois, j'aime ces pays équatoriaux où je me suis si souvent bercé aux soupirs de la vague mourant au pied de la dune, au souffle de la rafale bouillonnant à travers la chevelure des lataniers et des palmistes, dont la tête appartient encore moins à la terre qu'aux cieux.

Si je ne me trompe, Carvalho est enfant de Maurice, cette île parfumée où j'ai vécu de la vie horizontale, où l'ouragan m'a vomi sur la grève, où je me suis assoupi au chant de la mulâtresse parée de ses cachemires, de sa luxuriante chevelure et de son regard de comète.

Le chant de Carvalho a quelque chose de créole. Etonnez-vous, après cela, si je l'applaudis avec tant de plaisir.

Mme BLANCHARD.

Elle n'est point ambitieuse, et c'est pour cela qu'on la place toujours en avant du poste que sa modestie lui assigne. Mme Blanchard est presque indispensable à l'Opéra-Comique.

Mlle FAVEL.

C'est un acte de raison d'avoir débuté dans *la Folle*; et Mlle Favel, dont la voix est vibrante et pleine, nous a montré à son premier essai une comédienne intelligente, à qui la rampe a laissé tous ses moyens. *Nina* est un opéra bien vieux pour nous; Dalayrac a tort à côté d'Auber et d'Halévy; et Mlle Favel, que le succès justifie pourtant, aurait dû peut-être se montrer plus courtoise envers nos illustrations contemporaines. Qu'on ne médise plus du Conservatoire : Mlle Favel en arrive. Qu'elle soit la bienvenue : nous aimons le drame, surtout quand il est chaudement interprété.

Ai-je tout vu, ai-je tout dit ? Pour m'en assurer, je vais quêter, au bénéfice d'un ami, une place à l'administration. Mais l'homme de lettres, l'homme de mérite chargé de la distribution des faveurs est si difficile, si serré, — j'allais écrire si sauvage, — qu'au lieu d'une place il vous en donne deux, quand son devoir le lui permet... Denis, je vous presse cordialement la main.—Merci !

TILMANT.

Vous connaissez la puissance de son archet. Mon éloge n'ajouterait rien à ce qu'on dit de lui dans le monde savant, dans le pays des Auber, des Halévy, des Adam, des Thomas, des David, admirable pléiade illuminant l'univers de mélodies, au milieu desquelles nous trouvons l'oubli de nos douleurs physiques et une consolation à nos douleurs morales.

Mlle VERTEIMBER.

Voilà, j'espère, un nom Germanique, voilà un premier prix du Conservatoire, et il faut bien que l'enchanteur

Grisar ait eu foi en cette belle et jeune personne pour lui confier un rôle de responsabilité dans son dernier ouvrage. Ce ne sont pas ici des jeux d'enfant, on risque beaucoup à de pareils essais; mais, je le répète, Grisar s'y connaît, M. Perrin est habile, nous attendions le triomphe..... M. Perrin n'est pas seulement un directeur, c'est un furet, ou plutôt un oiseleur, car pas un rossignol, pas une linotte, pas un sansonnet de quelque valeur ne voltige auprès de lui qu'il ne lui jette ses filets et qu'il ne s'en empare.

Comptez les magnifiques talents de ce théâtre si heureusement privilégié, glissez-y la nouvelle venue, et vous aurez un ensemble qui fait bondir de joie les maîtres de l'art, qui tremblaient naguère pour l'avenir de leur théâtre bien-aimé.

Mlle DARCIER.

Nous mettions sous presse et nos vêtements étaient en deuil pour un départ ; les voilà couleur de rose : Mlle Darcier nous revient, c'est-à-dire la grâce, l'élégance, la coquetterie, le drame avec ses larmes, le sourire avec ses enivrements... Tout le passé se réveille, salut à Mlle Darcier!

ODÉON.

C'est un théâtre royal, impérial, national, comme vous voudrez ; c'est un monument régulier, bien ordonné, digne de son but... Hélas! il est bâti sur des catacombes.

Que de gloires ont passé par là ! que d'illustrations s'y sont éteintes! Ma mémoire se fatigue à les recueillir ; aussi j'aime mieux vous parler du présent que du passé, dont le souvenir jetterait le deuil dans mon âme.

Altaroche trône aujourd'hui ; Altaroche, c'est-à-dire l'homme charivari, l'homme épigramme, l'homme aux coups de lancette ; mais qui, répudiant ses jours éteints, se consacre tout entier à la prospérité du temple confié à son intelligence... Que les vents lui soient favorables !

Le foyer des acteurs est élégant et simple à la fois : il est digne du théâtre ; et les artistes, ainsi que les auteurs qui le visitent, s'y conduisent en gens de bonne maison.

Qui donc vient de me serrer la main ? Un homme que tout le monde aime, que tout le monde estime, parce qu'il a de la probité, parce qu'il a du mérite.

LEPEINTRE AINÉ.

Ils étaient trois, chacun enfant de son labeur ;
Deux sont partis déjà pour la voûte céleste.
De ces hommes d'élite un seul encor nous reste :
L'aîné par le talent et l'aîné par le cœur.

SARAH.

J'étais bien sûr de trouver encore sur mes pas une Rachel quelconque. Il y a des familles qu'on rencontre partout, et j'avoue que j'ai cherché des Félix jusqu'en Patagonie, où je déclare, du reste, n'en avoir rencontré aucun... Sarah est comédienne des pieds à la tête, et dramatique de la tête aux pieds.

Oh! si tu n'étais pas la sœur de cette femme
Qui soumet les cœurs à sa loi,
Nous remplit de terreurs et nous brûle à sa flamme,
On parlerait bien plus de toi.

TISSERANT.

Je ne croyais pas te trouver ici à mon retour de San-Francisco. Mais tu es de ceux qu'on revoit toujours et partout avec plaisir, alors qu'on aime les cœurs d'élite, les têtes intelligentes, les hommes d'esprit :

En un jour de dépit Montigny s'en sépare;
Hélas ! qui d'entre nous ne fit point de faux pas!
En un jour de soleil l'Odéon s'en empare....
Voyez, on rit ici quand on pleure là-bas.

Mme JOLIVET.

Je voudrais replonger votre nom dans l'urne, tant je vous garde rancune. Sachez, poltronne, que je n'ai jamais mangé de petites filles qu'à Noukaïva, la farouche, et encore bien peu, un morceau d'épaule seulement, et sans le savoir.

Ici, quand je rencontre une gente damoiselle comme vous, qui pense comme vous, qui dit la comédie comme vous, je l'approche de moi, je la berce de douces paroles, je lui conseille la sagesse et le travail, je la baise au front et je rêve de mes beaux jours passés.

A l'avenir, peureuse, faites comme votre mère, et venez serrer la main du pauvre Bélisaire errant.

PIERRON.

Il est comédien, il manie la plume comme la parole, il a de la verve, de l'entrain, et vous le devinez, vous le savez par cœur en lisant ses feuilletons pleins de sève et d'originalité. Vous seriez coupable, ami, de vous arrêter en si beau chemin; nous vous attendons à une œuvre de longue haleine, vous êtes de ceux qui soumettent les difficultés.

Mlle LAURENTINE LÉON.

Vous rappelez-vous, gracieuse, le jour où vous me fûtes présentée pour la première fois chez une femme poëte, aujourd'hui aveugle comme moi? Vous n'étiez plus petite fille, vous n'étiez pas encore demoiselle, vous dîtes de la prose, des vers, vous rossignolâtes quelques couplets, comme l'eût fait Déjazet en ses plus beaux moments, j'étais enivré.

Avez-vous de ça? vous demandai-je. — Oui. — Et de ça? — Oui, cela pousse. — Alors, soyez comédienne.

La chose est accomplie, et la soubrette qui a de ça plus qu'alors s'est fait un nom qui restera.

De l'esprit à plein bord, une allure mutine,
De l'aisance, du goût, de la grâce, du tact,
Toute chose qu'on aime, à l'œil comme au contact....
J'ai nommé Laurentine.

TÉTART.

Il a du mordant, il en jette dans ses rôles, il en saupoudre ses saillies, il en prête aux auteurs qui en manquent, et il lui en reste toujours. Rothschild est inépuisable.

Mme GRASSAU.

Elle avance dans la vie avec toute la verdeur de la jeunesse; il y a des charpentes que le frottement du temps a bien de la peine à ébrécher, et madame Grassau entre à peine dans l'âge mûr : son talent seul a des chevrons.

CLARENCE.

Je me rappelle ses débuts à la Porte Saint-Martin; il venait de la banlieue, et son apparition fut un événement. Organe plein de mélodie, façons d'homme distingué, diseur émérite, telles sont les précieuses qualités de l'acteur à qui nous serrons fraternellement la main.

BOUCHET

C'est un premier rôle dans toute l'acception du mot, c'est une réputation faite et méritée, c'est une des plus solides colonnes du temple dont Altaroche est le grand prêtre.

ROGER.

On l'appelle financier. J'ignore si son coffre est plein, mais je sais qu'il a de l'entrain à vous en vendre, si vous n'en avez pas, et qu'il dit en homme taillé sur les meilleurs modèles.

HARVILLE.

Ne raisonnez pas avec ce raisonneur si vous voulez avoir raison, vous succomberiez à la peine..... Harville lorgne la Comédie-Française par le côté qui rapproche.

BOUDEVILLE.

Il n'est ni de l'école de Samson, ni de celle de Régnier, ni de celle de Monrose; il est de la sienne et elle en vaut bien d'autres je vous assure.... Les comiques de sa trempe ne pavent point les rues.

NÉROUD.

Il n'a pas trente ans, et le voilà déjà cité parmi les jeunes premiers qui sont plus qu'une espérance. Je vois d'ici la place qu'il doit occuper dans un court avenir : ma prophétie est un fait accompli.

MARTEL.

Double-t-il Néroud? je ne crois pas; si cela était, ce serait une doublure qui aurait le prix de l'étoffe. Altaroche choisit bien ses soldats.

FLEURET.

On dit encore *jouer les pères nobles*; celui-ci ne les joue pas, il est sur le théâtre ce qu'il est dans les salons, et c'est pour cela que nous battons des mains dès qu'il se pose devant la rampe.

VIDEIX.

Il a de l'entrain, de bonnes façons; il est jovial; battons des mains.

Mlle ROGER-SOLIÉ.

Je suis bien certain que cette première amoureuse n'en est pas à son premier amoureux et qu'elle en a déjà désespéré quelques demi-douzaines : la finesse, l'esprit et les manières accortes obtiennent toujours ce résultat... Tant pis pour qui s'y frotte : Prudence est mère de sûreté, tenons-nous à l'écart.

Mlle JEANNE-ANAIS.

Ce n'est pas l'Anaïs de la Comédie-Française, rien ne vous dit qu'elle ne le sera pas un jour ; c'est pétillant comme du champagne.

Mlle BILHAUT.

C'est ainsi qu'on nomme la première soubrette du lieu ; c'est ainsi qu'on écrit son nom. Courez vite sur ces cinq lettres l, h, a, u, t; elles seraient un mensonge, car cette danse excentrique ne va point aux allures de la charmante comédienne que nous tenons sous la plume.

Mlles FLORENCE—DELCOURT.

A elles deux les quarante ans ne sont pas encore accomplis, et cependant leur talent a déjà des moustaches. Les dix-sept ans de Mlle Delcourt se traduisent par quelque chose d'enfantin et d'aimable qui vous force à ôter vos gants pour applaudir.

Mlle SIONA-LÉVY.

Place aux poignards, place aux cothurnes ; voici la tragédie et ses élans fougueux ; voici Hermione et sa colère fébrile : il y a du drame chez Mademoiselle Lévy.

Mlle BRIARD.

Encore une duègne à qui nous devons quelques lignes, ou plutôt nos éloges. Tout exigu qu'il est, le livre que nous publions aurait une lacune à remplir, s'il avait oublié la verve et l'entrain de cette nouvelle arrivée.

BOUDEVILLE—RESTOUT.

Ces deux premiers rôles n'usurpent pas leur emploi, il leur appartient par droit de conquête, et bien téméraire serait celle qui viendrait le leur disputer. Je compte les remercier un jour de ce qu'elles feront pour moi ; et d'avance je me dis leur débiteur le plus dévoué.

Mlle LEMERLE.

C'est un oiseau qui siffle, c'est une jeune première qui ne sera jamais sifflée, à moins que la jalousie ne s'en mêle, et mademoiselle Lemerle est faite pour en inspirer.

Après cela je voudrais bien consacrer quelques lignes encore aux artistes de mérite formant l'armée d'Altaroche, mais il y a loin d'ici à l'Odéon, même pour celui qui vient du Chili, de San-Francisco, de Noukaïva, de Taïti et du pays des Magots ; et comme les défilés, les promontoires, les caps, les anses, qu'il faut doubler ou sillonner, offrent mille dangers, vous comprenez que les poltrons, et je suis de ce nombre, ne se hasardent qu'à de longs intervalles pour cette rude traversée.

Aussi me contenterai-je aujourd'hui de vous présenter mesdames Dupont et Eléonore, et messieurs Philippe, Chéry Talbord et Métrême, dignes en tous points de l'attention de la critique sérieuse, et parmi lesquels, peut-être, la Comédie-Française est appelée à se recruter.

Nous parlerons *d'eux et d'elles*, calembour culinaire à part, à la cinquante-cinquième édition de ce livre si philosophique, et si moral... La cinquante-quatrième, magnifiquement illustrée, va sous peu de jours être mise en vente : *Accurrite cives*. Traduction libre : achetez l'ouvrage.

OPÉRA NATIONAL.

Je ne connais pas le foyer : je me suis interdit le temple, pour n'avoir pas à subir les influences du lieu.

Accessible comme un enfant à toute gronderie, impressionnable comme un vieillard à toutes caresses, j'ai mieux aimé aujourd'hui m'abriter sous mon indépendance native et dire à tous mes premières impressions, quelles qu'elles soient.

La troupe est nombreuse; peut-être avant que mon examen soit achevé, le directeur, homme habile s'il en fut, aura-t-il enrôlé de nouvelles recrues; n'oublions rien du présent, rien du passé, l'avenir appartient à Dieu, et pas à nous.

L'urne est là, sous notre main, le petit enfant les yeux bandés y plonge ses doigts et en retire :

RIBES.

On dirait que le coquin y a vu ; comme chanteur, comme comédien, Ribes devait occuper une des premières places dans notre nomenclature; et si vous avez entendu cette voix de baryton bien timbrée, cette accentuation bien nette, vous direz comme moi : Salut à l'un des meilleurs barytons de la capitale!

Mlle DUEZ.

J'aurais pu, trichant le destin et par galanterie, ouvrir la première page de mon cahier à Mlle Duez; mais que voulez-vous? je suis fidèle à mon mandat, je me soumets au sort qui dicte des arrêts, et ce ne sont pas toujours les derniers venus qui brillent le moins dans mon livre.

L'apparition de Mlle Duez à ce théâtre a été un événement : grâce parfaite, timbre sympathique, jeunesse et fraîcheur dans la voix, élégance dans la forme, roulades et cadences, courant des lèvres de la cantatrice à vous, comme les perles d'un collier de duchesse sous les doigts les plus agiles... Telle est Mlle Duez qu'on dispute à M. Sevestre, trop habile pour laisser s'envoler son magique rossignol, pour permettre qu'on lui arrache le plus beau diamant de sa couronne lyrique.

On peut sans qu'on la flatte,
Suivre en tous lieux ses pas ;
Mais un défaut la gâte...
C'est qu'elle n'en a pas.

Mme VADÉ BIBRE.

Si je connaissais dans les théâtres chantants de Paris une meilleure duègne, je vous le dirais hardiment, malgré ma vieille amitié pour mon ancienne pensionnaire. Mme Vadé a de l'ampleur, de l'entrain, de la voix; elle connaît les planches, la rampe ne l'éblouit point et le public ne lui fait pas peur, parce qu'elle sait à merveille qu'au sein de ce public qui écoute, la parole des connaisseurs est entendue et fait foi.

MICHEL.

Michel a débuté dans *Mosquita*; il devait être accueilli, il devait être fêté, pour peu que le parterre fût équitable, pour peu que les loges fussent endimanchées de femmes de goût.

NEVEU.

Je voudrais être l'oncle de ce Neveu, tant il est amusant, vrai, sans façon et d'allures joyeuses. C'est à lui de me prouver, en venant me serrer la main, qu'il se reflète au théâtre de sa gaîté de la ville... J'attends.

LOURDEL.

Eh bien, cela n'est pas juste, et l'on ne s'appelle pas Lourdel, quand on a les manières si coquettes, si délicates, si distinguées, quand on a une voix dont le timbre dit l'heureuse organisation, et la méthode des études sérieuses. Va pour Lourdel, mais ses parrains ont eu tort.

Mlle VADÉ.

Grande et jeune fille que j'ai pralinée et claquée sur toutes les joues, alors qu'elle marchait à peine dans la vie. Elle a de bonnes manières, elle est bien élevée, et ses caprices, elle les doit peut-être à cette ardeur d'avancement qui la domine. Priez M. Sevestre de me tendre une main amicale, et je vous promets, moi, une création où vous pourrez faire apprécier votre joli timbre et la pureté de vos notes aiguës... Au surplus, mettez des gants, j'ai peur de vos ongles.

MENJAUD.

Voici un nom qui impose; la Comédie-Française n'oubliera jamais le père, l'Opéra-National n'oubliera pas le fils, dont les progrès se font sentir chaque jour.

BOUCHER.

Si je voulais faire un mauvais calembour, je dirais que ce Boucher a une voix de taureau ; mais je suis sérieux dans mon analyse, et je me hâte de dire que Boucher, longtemps très-bien placé à l'Académie nationale de musique, est une des plus solides planches de salut du théâtre qui vient de s'en enrichir.

PHILIPPE.

Félicien David, qui chante sur tous les tons, qui rappelle toutes les zones, qui caresse toutes les cordes de l'âme, qui pénètre par tous les pores, qui nous berce à toutes les harmonies, qui m'a fait verser des larmes, à moi, pauvre aveugle, dans son lever de soleil du *Désert*; David, l'une de nos plus belles gloires, n'avait garde d'oublier Philippe, dès qu'il s'est agi de monter *la Perle du Brésil*. Il fallait une voix suave et sympathique, une remarquable facilité d'exécution... Philippe était là, David s'en est emparé; le public a battu des mains, à chacun sa part.

LEROY.

J'aime mieux ce nom-là tout entier que coupé en deux par l'article... Que voulez-vous? je suis républicain. L'artiste Leroy m'amuse, comme il amuse tout le monde; il me plaît, et il plaît à tous, parce qu'il est comédien sans charge, sans parade, et d'une excentricité qui rappelle les meilleurs temps de l'Opéra-Comique.

DULAURANCE.

Il est allé d'une troupe à une autre; je ne sais comment il a gagné ses galons dans son régiment, je sais comment il les a conquis dans l'armée du général Sévestre... A bientôt les épaulettes, si le mérite seul monte en grade.

JUNCA.

Lorsque l'Opéra-National est tombé, tu n'as pas dû te dire comme le pénitent : *c'est ma faute, c'est ma faute, c'est ma très-grande faute.* Au contraire, si le théâtre avait pu vivre, tu aurais été, Junca, un des ressorts les plus utiles de la machine; car ta voix sonore vibre puissante, et, depuis *la Butte des Moulins* surtout, tu t'es placé si haut, si haut, qu'on ne te nomme plus que le tambour-major de la troupe... Une aubade pour Junca.

GRIGNON PÈRE ET FILS.

Je souhaite au fils les précieuses qualités du père : c'était alors un de ces talents d'élite que se disputaient les grandes villes de province, et que la capitale garda pour elle plus tard. Les années ont agi sur Grignon comme sur nous; mais les comédiens nouveaux ne trouveront nulle part un guide plus sûr, un maître plus bienveillant, des paroles plus paternelles. Vous verrez qu'on dira du fils, dans l'avenir, ce que nous disons aujourd'hui du père : Bon sang ne peut mentir.

MEILLET.

Sa réputation n'est plus à faire, elle est faite, et sa création dans *la Butte des Moulins*, ravissant ouvrage de notre ami Adrien Boieldieu, lui assure une des meilleures places dans nos théâtres lyriques.

FOSSE.

Nous lui tendons la main avec plaisir, parce que nous

aimons tous ceux qui comprennent leur art, tous ceux qui se distinguent par le talent et la dignité.

WILHELMS.

C'est un petit rôle que celui dans lequel il a débuté à l'ouverture de la salle, et ce rôle pourtant a suffi pour mettre l'acteur et le chanteur en relief.

SOYER.

Les mots ténor et comique semblent se combattre et s'exclure. Soyer semble donner un démenti à cette vérité de presque tous les théâtres, et je ne sache pas qu'on soit plus plaisant sans charge, et meilleur chanteur sans prétention. Brava, bravo, bravi, à Soyer qui m'amuse et me charme tout à la fois; bravi, brava, bravo à la direction, qui tire parti de ce précieux talent.

Mlle ROUVROY.

Elle n'est pas descendue pour venir de l'Opéra-Comique au Théâtre National, elle l'a élevé jusqu'à elle.

Mlle MENDEZ.

Dix-sept ans à peine, et déjà une voix faite, une voix à elle, juste et vibrante .. Hélas! où serai-je quand elle en aura vingt-cinq! Saluez le patriarche qui s'en va, et la jeune fille qui arrive. L'un et l'autre nous sommes au seuil des deux portes de la vie.

Mme GUICHARD.

Lorsqu'un *coup d'air* ne l'éloigne pas de la scène, nous applaudissons de nos deux mains à la verve et à l'entrain de cette égrillarde soubrette, qui connaît ses planches comme le gamin son trottoir, comme le titi son Saint-Ernest, comme la coquette son miroir. Mlle Guichard est ma comédienne, à moi.

Mlle VALLET.

Pourquoi ne joue-t-elle pas plus souvent? il n'y a pas de notre faute, et le Conservatoire devrait recommander plus chaudement ses pensionnaires aimés.

Mme DUPONT.

Il y a du cuivre dans sa voix, et quelques premiers sujets voudraient avoir un peu de ce qu'elle a de trop.

Mlle GUICHARD.

On la dit très-jolie femme;... je ne juge qu'avec mes oreilles, et j'applaudis à la voix quand les autres applaudissent à la figure.

Mlle PETIPA.

On répète autour de moi que c'est une charmante personne; si elle chante comme son homonyme danse, elle montera haut, avec ou sans calembour.

Mlle HAMBURGER.

Quand vous aurez débuté, madame, je vous consacrerai quelques lignes dans un feuilleton hebdomadaire ou dans ce livre, s'il a plusieurs éditions... Faites emplette pour épuiser la première.

BIÉVAL, LEROY, DUMONTHIER.

Au diable les exigences du prote qui me dit n'avoir plus que très-peu d'espace à me donner pour achever mon esquisse sur le Théâtre-National. Ces trois artistes, pourtant, avaient droit à une mention particulière; nos regrets font leur éloge; et, dans *les Visitandines*, ils ont si bien interprété la prose de Picard et la musique de Devienne, qu'on leur doit la plus belle part du succès.

VAUDEVILLE.

On dirait que tous les théâtres de Paris se sont donné le mot pour tailler en véritables souterrains sombres et sales les entrées des artistes. Le Vaudeville est fidèle à la règle, et les hommes de bon goût dirigeant aujourd'hui la maison feraient bien, ce me semble, d'éclairer ce mauvais passage qui de la rue des Filles-Saint-Thomas conduit au foyer.

Vous y êtes : il n'est pas beau, il n'est pas élégant ; et le piano très-peu d'Érard qui le *décore*, n'ajoute guère à sa somptuosité.

N'importe : les artistes sont là pour rire, batifoler et jeter au dehors leur verve et leurs quolibets... Il y a peu de foyers aussi gais que celui-ci.

Place pour le défilé.

VIRGINIE DÉJAZET.

Hélas ! de son berceau chacun de nous est veuf.
Heureux qui, jouissant d'un privilége étrange,
Le front paré de fleurs ici jamais ne change...
Le Pont-Neuf dans mille ans s'appellera Pont-Neuf.

Quel ravissant comédien que cette comédienne ! quelle piquante jeune fille que cette vieille femme ! quelle délicieuse grand'mère que cette enfant... Déjazet, la Déjazet de nous tous, est ce qu'elle veut être : marquis ou truand, paysan ou gentilhomme, bêta ou goguenard, elle est tout, et quelque chose encore. Dix théâtres lui doivent leur fortune : elle ne doit la sienne qu'à son talent hors ligne.

FÉLIX.

Le couplet se chante, vous n'en perdez pas une syllabe ; un mot est lancé, il produit son effet, il atteint le but. Les auteurs disent à Félix : Voici un demi-rôle, achevez-le...

et le rôle se complète, et les mots portent, et la salle bat des mains.

Je savais bien ce que je faisais, quand je disais à Félix, mon pensionnaire à Rouen, que sa place était à Paris ; et pourtant je lui adresse un reproche dont je veux qu'il se corrige :

Je t'ai connu, vaurien, au pays de Corneille,
Où l'on aima toujours les hommes comme il faut,
A mes yeux, cher Félix, tu n'as qu'un seul défaut,
Tu portes trop souvent ton chapeau sur l'oreille.

Ami, redresse ton feutre ; il te donne l'air d'un mauvais sujet, et tu es si sage, si sage, si sage, que j'ai peur de te voir viser de l'œil un couvent... de nonnes.

Mlle RENAUT.

Depuis peu, cette belle comédienne a grandi de six coudées. On a beau dire, les jolis rôles font les acteurs, et les écrivains qui ont eu foi en Mlle Renaut sont loin de s'en repentir ; car elle parle juste, elle chante juste, et le public est juste en l'applaudissant.

Mlle MARTHE.

L'harmonica n'a point de notes plus coquettes ;
Le pastel d'incarnat plus suave et plus doux.
On dit que Johannot, pour ses chastes vignettes,
Rêva de toi, rêve de vous.

Oh ! si j'étais *ouistiti*, avec quel bonheur j'eusse dénoué les cordons de tes souliers, puisqu'une plus haute espérance n'est pas permise !

FECHTER.

Est-il vrai que tu sois un des plus beaux garçons de Paris ? Bien des femmes le disent ; moi, j'assure que tu es un de nos comédiens les plus distingués, et je n'ai pas de contradicteur.

Il est si gentil, si coquet,
Si petillant dans son caquet,
Que chacun à l'envi le caresse et le flatte :
Comment un pareil chat manquerait-il de chatte ?

Heureusement pour toi, Lovelace, que Mme Fechter ne lira pas ce livre : Fechter, Bressant, deux réputations égales.

RENÉ LUGUET.

Gare la fusée ! gare le pétard ! gare le boulet ! gare la bombe !... Luguet est un arsenal, et pourtant il ne blesse personne ; au contraire, il amuse, il occupe, il plaît, il fait rire comme un feu d'artifice.

LACRESSONNIÈRE.

Cela est injuste de caser si loin l'un de l'autre le mari et la femme. Deux talents aussi sérieux devraient voyager bras dessus, bras dessous, sans jamais se quitter, et nous les confondrions avec plaisir dans nos bravos de chaque soir..... Je retrouverai quelque part Madame : qu'elle tremble !

DELANNOY.

Celui-ci n'est jamais satisfait que lorsqu'il ajoute quelque chose du sien à l'esprit de l'auteur. Ce n'est pas de la charge, gardez-vous de le croire, mais c'est presque de l'exagération. Et le coquin sait à merveille qu'il faut frapper plus souvent fort que juste. Delannoy ravive le public blasé : c'est là une précieuse qualité que bien d'autres lui envient.

Et puis, Delannoy chante le vaudeville comme on doit le chanter, quand on a du tact et de la voix.

Mme DOCHE,

Salut, salut encore, puisque te revoilà belle et florissante, après de coupables émigrations. Oui, coupables, je me répète : pourquoi quitter ceux qui nous aiment, ceux qui nous couvrent de fleurs ?

Le papillon se repose aussi : n'agite donc plus tes ailes diaprées, et reste-nous.

Toi, qu'on fit si gentille
Et dont l'esprit petille
En reflets si joyeux ;
Attiédis donc ta flamme,
Ne brûle plus notre âme
A l'éclair de tes yeux.

Joue avec la trentaine,
Ris avec nos douleurs ;
Oui ; mais la quarantaine
Est la saison des pleurs.

Encore trois lustres, sémillante Eugénie, et les huit sonneront à ta porte... Barricade-la, puisque ton frais duvet, ton doux sourire et ton gai printemps sont tes compagnons de voyage.

Ces enchanteurs Dumas n'en font pas d'autre, ils se dressent un piédestal, et ils placent les amis à leur côté. *La Dame aux Camélias* nous a révélé Mme Doche. *La flamme active la flamme, Eugénie nous dit Dorval.*

Mlle OCTAVE.

Sept notes, c'est un octave; celle-ci, celle dont je parle, en a pour toutes les passions du cœur : coquetterie, grâce, finesse... J'allais en trouver d'autres qui effleureraient l'épiderme de la belle comédienne... Taisons-nous, et écoutons : prudence, c'est sagesse.

Mlle CAROLINE BADER.

Absente, nous ne l'avons pas oubliée; présente, nous la fêtons, nous la caressons, nous lui jetons des bouquets; c'est qu'elle a de l'entrain, de la joyeuseté, de la rondeur, et là, sur la poitrine, deux charmantes choses qui appellent et repoussent en même temps. Mlle Caroline Bader chante le couplet à merveille; qu'elle soit la bienvenue.

AMBROISE.

Vous ne comprendriez pas le genre vrai, si vous n'aimiez pas Ambroise, qui est comédien des pieds à la tête et qui chante le couplet à ravir. Oh ! si Ambroise voulait se charger d'un des rôles de mes pièces ! Pourquoi pas, puisqu'elles ont tant besoin d'appui et que le comédien d'élite consolide tout ce qu'il touche ?

Quand il vient de jouer avec tout son esprit,
Quand d'applaudissements il a fait sa fournée,
Joyeux et pimpant il se dit :
Ambroise, voilà ma journée.

Je parie, ami, que tu ne t'attendais pas à celle-là? Je vais les chercher si loin.

GIL-PÉRÈS.

Vieille jeune ganache, que tu es! Qu'elle est bééééllc cette fâââââââmme! Ta réputation est faite. Dis-moi, Pérès, aimes-tu les dos blancs, les dos noirs, ou les *dos bruns?*

J'aime ceux que tu aimes. Nous sommes deux hommes de goût.

LÉONCE.

Il se place, il se campe, il se pose, il est le bienvenu de ceux-ci et de celles-là; le coquin est accapareur.

TOURTOIS.

Pourquoi Bouffé ne l'aurait-il pas engagé, puisque les connaisseurs le lui avaient montré du doigt! Lorsqu'on veut un solide édifice on le pétrit d'excellents matériaux.

ANDRÉ HOFFMAN.

Je te tenais sous ma griffe à Rouen, je te tiens sous ma plume à Paris, et, par malheur, je t'aime ici comme là-bas.....

On succède à Hoffman, on ne le remplace pas, l'oublier est impossible.

Cependant, faquin, tu as tort de courir ainsi le monde, il faut planter sa tente où la brise nous caresse, où le ruisseau gazouille, où les fleurs s'épanouissent, où les amis nous pressent la main. Reste-nous, désormais, ou je biffe ces lignes dans lesquelles je te proclame un acteur d'élite, le créateur d'un genre; tu es prévenu, tâche de te faire absoudre.

LAFON.

Il nous revient, bravo. Bien des siècles ont passé sur l'Antinoüs et l'Apollon du Belvéder, et leur immortalité n'en souffre pas.

L'enfant devient jeune homme, celui-ci homme mûr, la nature primitive ne change guère, elle se devine toujours, et Lafon a le privilége de nous rappeler l'ancien nouveau-venu que nous avons si longtemps et si chaudement applaudi.

BARDOU.

Il est capable de jouer tous les rôles exepté le Parisien; mais il est dans tous si excellent si supérieur qu'on ne lui tient pas compte de certaines consonnances méridionales. Quand Bardou s'empare d'un rôle corps à corps, il n'y a pas d'ombre, et l'auteur va lui serrer la main en lui disant: merci... Ainsi ai-je fait, ainsi feront tous ceux qui auront foi en lui.

Penseur, diseur, réfléchi, excentrique, passionné au besoin, dramatique quand il le faut, toujours original, voilà Bardou, voilà le caméléon qui se prête à tous les genres, et qui excelle dans tous... Bardou est de Toulouse, je vous l'apprends si vous ne le savez pas.

DUPUIS.

Il ne joue pas les jeunes, il n'a pas cette prétention; mais l'on ne peut pas dire de lui qu'il est comique, plaisanterie à part.

FORMOSE.

Il y a de l'excentricité chez ce comédien, qui pense que les couleurs vives conviennent seules au théâtre.

ALLIE.

Il joue les amoureux, je me trompe, il joue les amoureuses, et l'on dit qu'il les joue sous jambe, car il pense que la sensiblerie n'est pas de notre époque... Il a peut-être raison.

GALLE.

C'est un bon enfant, un bon pensionnaire; voilà un *bon bon* qui lui en vaudra d'autres des directeurs dont il est justement apprécié.

EUGÈNE.

Il fera son petit chemin, si on lui déblaye la route; ne pas l'y aider serait d'un mauvais cœur, et ils sont tous excellents au Vaudeville.

BASTIEN.

Fichtre qu'il est gentil! c'est le cri des jeunes fillettes qui le suivent dans ses progrès; l'étude fera le reste.

ROGER.

Utile utilité, c'est déjà quelque chose.

BALLARD.

Bouchez-vous les oreilles si vous avez peur du calembour ; ouvrez-les, si vous aimez la jovialité, le franc rire, le joyeux quolibet : les coulisses mourront, mais non jamais Ballard.

LAGRANGE.

Encore un amoureux ; on n'en finit pas avec les acteurs secondaires de cet emploi, celui-ci serait plus apprécié s'il était pincé un peu moins ! On se corrige aisément de ce petit défaut.

HIPPOLYTE.

C'est le grand administrateur du théâtre, c'est le metteur en scène, et vous savez comment les pièces sont montées ; Hippolyte ne joue guère, je me trompe, le double-six et le double blanc occupent ses loisirs... Je vous défie de ne pas aimer un peu Hippolyte, si vous l'avez connu un peu, et je vous défie de ne pas l'aimer beaucoup si vous l'avez connu davantage.

LECOURT.

Lecourt est l'associé de Bouffé, il cumule, il entasse... Je ne demande pas mieux qu'il entasse les sacs les uns sur les autres. Talent et probité devraient voyager toujours de compagnie.

Mlle FARGUEIL.

Depuis *le Démon de la nuit*, combien as-tu damné de malheureux, charmante comédienne qui me fais tant regretter le rayon de jour éteint sur ma paupière ! J'espère que tu ne nous quitteras plus, ou, dans ma colère, si tu nous fuis encore, je suis capable de te trouver sans grâce, sans élégance, sans distinction.

CLARY.

Elle est vive et bien faite,
On le voit :
Elle est fraîche et coquette,
On le voit ;

Elle a des lèvres roses
On les voit;
Et d'autres belles choses,
Qui les voit?

On l'appelle Tata, petit nom tout amical, tout joyeux, tout enfantin, qui respire la tartine beurrée, qui embaume la praline à deux lieues à la ronde.

Elle a des yeux de feu qui brûleraient une âme,
Des lèvres à damner les saints du paradis,
Un torse rondelet que dix doigts emprisonnent,
Et des dents d'un blanc mat, dont l'ivoire est jaloux.

Vous voyez qu'en parlant de cette jeune fille on n'a ni rime ni raison... Tata, Tata, pourquoi ne t'occupes-tu pas de ton art? Beauté, c'est bien; talent, c'est mieux. Que risques-tu d'essayer? les mains qui caressent savent également applaudir.

IRMA GRANIER,

Cela est chaud, cela est pétulant, c'est un champagne mousseux, non pas à la glace, je vous l'assure. On me dit qu'elle a de petits pieds, de petites mains; j'ajoute qu'elle a un talent moins exigu qui fait oublier bien des imperfections... Est-ce qu'il y en a?

Mlle SAINT-MARC.

Voici une jeune fille toute poétique comme on en rêve sous les palmiers, dans les cases tropicales, pendant les nuits orageuses, au bruit de la mandoline, dans les gondoles de Venise, sous un ciel étoilé.

Là-bas c'est un lieu saint, où l'homme à deux genoux
Fait monter l'oraison vers le Dieu qui pardonne;
Là-bas l'être clément, ici, tout près de nous,
La femme aux yeux d'azur, la touchante madone.

Je te préviens, Saint-Marc, que je suis dévot comme un cénobite.

WORMS.

Elle n'est pas descendue en venant de la Comédie-Française au Vaudeville; celui-ci se recrute partout où germent, où mûrissent les frais talents, les intelligences supérieures. Vienne un beau rôle, et vous verrez... Hélas! je voudrais qu'on m'en dît autant!

Mme LABRIÈRE.

Personne n'en dit de mal, beaucoup en disent du bien; concluez.

HERMANCE.

J'ai envie de dire ici de Mlle Hermance ce que j'ai dit de l'actrice qui la précède dans cette nomenclature.

CLARISSE DAVID.

Encore la même phrase pour signaler le même genre de talent; tout cela est en fleur.

ASTRUC.

Nous nous connaissons de longue date, et c'est pour cela que je peux vous parler savamment de cette comédienne de mérite, qui a mieux aimé se vieillir à l'aide de rides factices, que d'attendre celles qui nous sont infligées à tous par les années et les chagrins. Peu de duègnes, à Paris, peuvent rivaliser avec Mme Astruc... Citez-m'en deux.

CASTEL.

C'est la doublure de Mme Astruc, mais une doublure de bonne étoffe.

MATHILDE PAYRE.

Bonjour, bonsoir; bonne nuit à l'excellente personne, à l'actrice de bon ton, à la comédienne qui a pris son art au sérieux, et que nous aimons pour toutes les qualités du cœur et des talents réunis.

ESTELLE PLUCK.

On répète près de moi qu'il y a sous ce chapeau une physionomie charmante, des yeux rayonnants, une bouche coquettement cadencée. J'ajoute que l'organe est celui des coquettes pur-sang, et que je crois à l'avenir de cette jeune comédienne.

LEYDET.

Si les théâtres avaient d'aussi belles utilités que celle-ci, les binocles chercheraient bien plus sur le second plan... On la regarde toujours du côté qui rapproche.

MARIE.

Elle se forme; un éloge trop pompeux la déformerait, ne gâtons pas ce qu'elle a de bon, et encourageons-la dans ses efforts pour se rapprocher de la rampe.

VIRGINIE MERCIER.

Comment dit-on d'une femme qu'elle est gracieuse sans employer ce dernier mot? Ma foi, cherchez un synonyme, je laisse celui que j'ai tracé, car je vis dans la haine des ratures.

CLORINDE

Êtes-vous la maîtresse de Tancrède ? Je n'en crois rien : Tancrède est mort depuis bien des années, et vous en avez si peu sur votre front !

FRANCISCA.

Bonjour, petite; tu clôs la liste des utilités, et je te tutoie par reconnaissance, car tu achèves une besogne fort difficile à compléter; un regard en apprend cent fois plus que mille confidences.

Mme FECHTER.

Achille, sous sa tente, laissait l'armée des Grecs en péril; Mme Fechter, loin de la coulisse, fait brèche au théâtre, et nous l'y appelons de nos vœux les plus fervents. Belle femme, diction pure et nette, organe sympathique, comédie et drame à la fois, voilà Mme Fechter, que nous attendons dans une création au niveau de son talent si distingué... Scribe et Bayard, taillez vos plumes.

En la faisant sortir la dernière de l'urne dramatique, la vérité du proverbe : aux derniers les bons, a été justifiée. Nous l'avons si souvent applaudie, que nos mains applaudissent encore de souvenir, et Mme Fechter ne nous doit point de gratitude pour cela, c'est nous qui sommes ses débiteurs.

Tes lieux chers étaient ceux où trône Melpomène,
Et lorsque de Momus, tu viens subir la loi,
Ton pied ne descend pas sur la joyeuse scène,
Tu la fais monter jusqu'à toi.

GYMNASE DRAMATIQUE.

Il n'y a pas ici de foyer. Le lieu qu'on a pompeusement décoré de ce nom est un boyau, une gaîne, un tube, un corridor, un passage; c'est tout ce que vous voudrez, excepté un foyer.

On ne va pas là : on n'y trouve que quelques musiciens désœuvrés ; on glisse, on tousse, on entre dans les coulisses, c'est fait.

Plaçons-nous à côté d'une des portes qui conduisent sur la scène et analysons Messieurs et Mesdames :

ROSE CHÉRI.

Aux accents de ta voix et si pure et si tendre,
A cette voix du cœur dont elle est le miroir,
Dois-je accuser le ciel si je ne puis te voir,
Puisqu'il m'a permis de t'entendre ?

Que voulez-vous que je vous dise de cette gracieuse personne à l'organe si sympathique, à la parole si chatoyante, à la silhouette si harmonieuse ? Je ne sache point de rôle auquel son intelligence supérieure n'ait prêté du cœur, de la naïveté, de la distinction.

Rose Chéri pleure comme la douleur, rit avec la joie, se fâche avec de la colère ou de la bouderie ; elle est toujours vraie, elle est toujours elle : étonnez-vous, après cela, de la puissance qu'elle exerce sur chacun de nous ! Que de succès, que de triomphes, que d'ovations ! Ma mémoire se fatigue à les recueillir.

ANNA CHÉRI.

Voici la sœur de Rose. Pétulante, accorte, provocatrice, elle jette son bonnet par-dessus les moulins. On ne l'aime pas seulement par ricochet, mais aussi parce qu'elle est tout d'une pièce et qu'elle chante le couplet à ravir.

BRESSANT.

Le hasard s'est mis cette fois du côté de la royauté ; salut à Bressant !

Changeant comme un filou, de traits, de frac, de lieu,
D'organe, de manteau, de démarche, de geste,
Il est si ravissant, il est si chaud, si leste,
Qu'on le prend pour Faublas, Lauzun ou Richelieu.

Je ne sais pas, en vérité, pour qui on ne le prend pas, ce Cartouche de nos salons, ce Mandrin de nos théâtres.

Bien des femmes ont voulu garder leur cœur à l'égal de leur bourse ; le cœur a disparu.

Mais, généreux et prodigue, Bressant a rendu le bien volé, puis il est rentré dans sa caverne de bandit, et s'est couché sur ses matelas bourrés des billets doux et des cheveux de ses victimes quotidiennes.

C'est que Bressant est le premier amoureux de Paris.

Il chante, il dit, il se pose, il gesticule avec une grâce, avec une aisance, avec un laisser-aller qu'on peut imiter sans doute, mais que personne ne surpassera.

MARGUERITE MACÉ.

Tiens ! voici une femme toute petite, toute lilliputienne, à côté d'un homme au grand complet : les contrastes me plaisent :

En elle le Gymnase a fait une trouvaille
Dont il peut se vanter sans se montrer galant :
C'est Jenny par la taille,
Vertpré par le talent.

Elle dit avec goût, avec esprit ; elle place le mot avec sentiment. Elle cadence la phrase, elle n'est point maniérée, et j'ajoute qu'elle chante le couplet de façon à ne pas laisser perdre une syllabe du poëte.

Marguerite Macé a débuté comme le font ces intelligences privilégiées qui, dès leurs premiers pas, veulent affronter les plus grands périls. Le succès a couronné son audace, et désormais les auteurs seront bien maladroits de ne pas confier un rôle douteux à ce talent si frais, capable de donner de l'esprit à qui n'en a pas.

AUGUSTINE FIGEAC.

Toi, dont les yeux brillants font pâlir les étoiles
Et qui ris de l'esclave à leur charme attaché,
Tremble qu'un Dieu vengeur ne les couvre de voiles.
On est souvent puni par où l'on a péché.

Elle est borgne, et vous ne vous en douteriez pas; elle est âcre, et vous ne le croiriez guère; elle a des ongles, et elle fait patte de velours; elle a un parler doucereux, et elle mord jusqu'au sang... Ses dents lui appartiennent.

Bathilde-Augustine Figeac a débuté à Chantereine, d'où se sont élancées tant de brillantes renommées, aujourd'hui dans les ténèbres. De là, Augustine arpenta la Renaissance, d'où elle se précipita vers la Porte-Saint-Martin, d'où elle partit pour le Café-Spectacle, d'où elle chevaucha jusqu'au Gymnase, d'où elle se claquemura dans un couvent, d'où elle piaffa jusqu'à Saint-Pétersbourg, d'où elle revint au Vaudeville, d'où elle rentra au Gymnase, d'où elle ne sortira que pour la Comédie-Française, à ce qu'assure certain de ses apologistes moins aveugle que moi, sans doute.

Mlle Figeac subjugue ou déplaît; on l'aime à la folie ou on la déteste à la rage; on l'applaudit frénétiquement ou on la trouve maniérée à l'excès... Encore un pas en arrière, et ce sera du ridicule; encore un pas en avant, et ce sera de la vraie comédie, du vrai drame.

Pour que ce pas se fasse, ne gâtons point Mlle Augustine-Bathilde Figeac. Suis-je dans le vrai?... Tiens, tiens, voici qu'elle se corrige, qu'elle se lance, qu'elle est dans la bonne route; elle pleure avec des larmes, elle aime avec le cœur: Bravo! bravi! brava! Voilà comme nous t'aimons, voilà comme nous te voulions.

GEOFFROY.

Voici donc Mercadet, l'homme aux hardis procès,
L'intrépide faiseur qui jamais ne se lasse;
Au second Mercadet, mes amis, faites place!
Celui-ci n'est pourtant qu'un faiseur..... de succès.

On parlait beaucoup de Geoffroy avant *Mercadet*, on en

parle davantage depuis le chef-d'œuvre de Balzac. Il a de l'entrain, de l'imprévu, de la verve à pleins bords ; sa réputation est devenue presque une renommée ; mais qu'il y prenne garde ! S'il était toujours Mercadet, comme il l'est dans *Bettine*, ce serait une gloire sans rayon, un soleil sans clarté.

NUMA.

J'aime Numa ; je l'aime parce qu'il a de l'étude, parce qu'il pense en parlant, parce qu'il fait ses rôles. Dans *Geneviève*, Numa est admirable ; dans cinquante autres ouvrages, il a été une forte colonne pour les auteurs menacés... Je me répète, j'aime Numa, le public l'aime comme moi...

VILLARS.

Villars est un brûleur ; il expédie ses rôles comme on expédie un billet de faire part ou un importun qui vient troubler un doux tête-à-tête.

Il n'est point maréchal comme son homonyme,
Géant sur le théâtre et pour la guerre nain,
Il n'a pas triomphé sous les murs de Denain ;
Mais c'est un beau succès que celui de l'estime.

DUPUIS.

Il s'est fait petit à petit sa place ; le voilà maintenant touchant de la main les deux côtés de la scène et ne reculant point devant les clartés de la rampe... Les bravos du public servent à *Dupuis de dôme*... Abritez-vous, si vous le pouvez, contre de pareils calembours.

LANDROL.

C'est le fils de la plus excellente ganache que nous ayons jamais eue. J'aimais beaucoup le père, j'estime beaucoup le fils.

PRISTON.

Cet acteur se faufile entre Pérey et Boutin : il tient de tous deux ; il amuse, il fait rire. Vous verrez qu'on parlera de lui.

LESUEUR.

Celui-ci n'a pas besoin d'efforts pour enlever les applaudissements ; il est soigneux avant tout, et vous ne le verrez jamais jouer sans jabot ou manchettes, si son goût lui dit qu'il faut des manchettes et un jabot. Lesueur est capable de s'attaquer à Regnard ou à Molière : qu'il l'essaye, et je parie beaucoup pour lui contre peu. Au surplus, il est si modeste qu'il parierait peut-être contre : J'ai gagné.

LINGUÉ.

Lingué ne fait pas ombre au Gymnase. Encore une enjambée, et il quittera le clair-obscur qui l'emprisonne.

ARMAND.

Il va bien, très-bien ; il ne brûle pas, mais il occupe, il plaît ; on applaudit des loges et du parterre : un homme a tort, tous ont raison.

LAFONTAINE.

Si j'étais encore directeur de théâtre, j'embaucherais Lafontaine ; car j'aime l'acteur qui dit bien, qui chante bien, qui se met bien. Voilà bien des bien ; n'importe, puisqu'ils traduisent si bien ma pensée.

L'autre faisait parler les animaux,
Boucs, tigres, cerfs, poulains, pinsons, ânes, chameaux,
Oh ! c'était un peintre admirable !
Celui-ci prête de l'esprit
A ce qu'il chante, à ce qu'il dit....
L'auteur de ce sixain ne fait pas une fable.

PERRIN.

Il a vu l'Amérique, il nous est revenu. Retenons-le puisque nous aimons à presser la main d'un artiste de mérite, d'un homme de cœur et de probité.

Mlle MÉLANIE.

C'est une vieille réputation bien acquise, bien méritée ; c'est un organe toujours jeune, une voix toujours vibrante.

Mlle BRASSINE.

Voici une belle, très-belle, extrêmement belle personne, qui dit sérieusement et que l'habile direction du Gymnase se garde bien de ne pas utiliser. Les rôles de tenue vont bien à Mlle Brassiue, qui me semblerait marquise ou duchesse sous la cornette et le bavolet. Salut à madame la princesse... en sabots !

Mlle RIQUIER.

C'est un beau nom que celui-ci, toute une génération d'artistes l'a porté ; il est bien tenu par la pensionnaire de Montigny.

Mlle LUTHER.

Luther eut ses autels, son temple et son idole ;
Toi de qui le regard d'un feu céleste a lui,
Toi qui portes son nom, oh ! prêche comme lui,
Et, pécheur converti, sous ta loi je m'enrôle.

Arrêtons-nous un instant, et répétons ce qu'on dit autour de nous : un regard qui captive, une parole qui pénètre, un charme inouï dans ce profil de jeune fille qui n'aura jamais que seize ans. Peu de gestes, des mouvements de tête à donner le vertige, un timbre qui nous rend fiévreux... Et puis on laisse faire, et l'on rentre chez soi pour se reposer dans de douces pensées.

Mlle BÉRANGÈRE.

..... Nous en dirons davantage quand nous serons plus instruit : plaignez l'aveugle.

Mlle BAUDIN.

Elle joue les bonnes, elle est bonne, très-bonne. Je lui vote un tablier d'honneur.

M. et Mme MONVAL.

Ne séparons pas le couple uni, occupant à merveille sa place. Lui, c'est le régisseur par excellence, c'est l'administrateur intelligent, c'est l'homme aux bonnes manières, que nous aimons dans la rue, au théâtre et dans son cabinet.

Mlle JUDITH FERREYRA.

Le bouton ne tardera pas à éclore, puis viendra le parfum, l'harmonie, la couleur, et les papillons voltigeront autour de toutes ces richesses.

On tutoie Mlle Ferreyra, qui n'est pas encore demoiselle, mais qui n'est déjà plus petite fille. N'importe, ôtez-lui son cerceau.

Mlle RAMELLY.

Elle vient de Montmartre ; elle a bien fait de franchir la barrière : on la refermera pour qu'elle ne s'en retourne point.

Mlle WOLF.

Elle est toute charmante, toute coquette, et elle chante bien le couplet : ces trois qualités-là valent quelque chose, ce me semble.

BORDIER.

Je plaindrais fort le maître qui se séparerait sans amertume de cet excellent domestique. Bordier a gagné ses chevrons.

MONTIGNY.

Montigny plane là-dessus ; Montigny qui a étudié les difficultés de la direction en homme qui sait les vaincre et qui a peut-être en main la fortune du théâtre et la sienne... Nos vœux l'accompagnent.

VARIÉTÉS.

Ni grand ni petit, ni trop brillant ni trop modeste. Banquettes assez souples, salle propre et régulière où ont trôné puissants, les *Potier*, les *Brunet*, les *Tiercelin*, les *Gavaudan*, les *Vernet*, les *Bouffé*, les *Élomire*, les *Cuizot*, les *Pauline*, dont le souvenir vivra longtemps dans la mémoire et le cœur de ceux qui aiment les grands talents, les nobles caractères, la grâce, l'esprit, la délicatesse.

Le buste de *Potier* orne ce foyer, les nouveaux-venus seuls le saluent avec respect. Rien ne mène à l'indifférence comme l'habitude.

Vous qui passez devant ce buste
Au front si radieux,
Inclinez-vous comme le fait l'arbuste,
Auprès du peuplier dont la tête est aux cieux.

Mettons la main dans l'urne et lisons les bulletins :

Mlle PAGE.

Hier, dans le foyer, j'écoutais ta parole,
Qu'on aime et qu'on bénit, qui charme et qui console,
J'étais à peine à quelques pas.
Mais ce regard si pur, ces lèvres si vermeilles,
Ce front si radieux et mille autres merveilles
Que je rêvais tout bas,
Plains-moi, ma belle enfant, je ne les voyais pas.

Cette toute ravissante personne joue le drame et le rire avec un égal succès ; et bien des pièces, grâce à elle, ont traversé sans naufrage l'heure de la tempête.

La Russie nous l'avait volée, la Russie nous l'a rendue ; j'ai déjà dit quelque part que le czar n'avait pas le sens commun... Se priver volontiers de la plus brillante *Page* de notre histoire !... On n'est pas plus Moscovite que ça !

Il y a, vous le savez, de fort jolies figures qui ne plaisent pas à de certaines personnes d'un goût épuré. Eh bien, Mlle Page n'est point de ce nombre, et chacun s'écrie dès qu'elle se montre : *Dieu ! quelle tête ravissante !*

Si, dans le silence, Mlle Page fait la conquête des plus tièdes, des plus difficiles et des plus capricieux, qu'est-ce donc quand elle a parlé ! Rien n'est plus doux et plus caressant que son organe, rien n'est plus dominateur que sa parole; et le cœur se laisse doucement bercer à cette musique, comme aux plus heureuses mélodies des Schuber, des David, des Auber et des Boieldieu, d'harmonieuse mémoire.

Pardon, Madeleine, pardon, Luther, Figeac, Pauline, Decroix, Fix, Cico, Judith, Rimblot, Marthe, Tata; mais, je me fais ici l'écho de la foule qui proclame Mlle Page la plus jolie actrice de Paris; moi, je soutiens qu'elle en est une des meilleures.

BOISGONTIER.

Elle dit le mot crû si naturellement,
Si franchement, si crânement;
Elle cache si bien ce qu'il offre de louche,
Qu'on irait volontiers le chercher sur sa bouche.

On rit à voir Boisgontier, on rit à l'entendre; puis on sort en disant : Je suis sûr que c'est là une bonne fille.

PÉREY.

Il amuse, chacun le dit,
Avec son air niais et sa drôle de tête ;
Le coquin doit avoir certes beaucoup d'esprit
Pour se montrer si bête.

Si mon quatrain n'exprime pas toute ma pensée, s'il ne dit pas que Pérey est un comédien par excellence, j'ai manqué mon but.

Mlle OZY.

Va pour elle ! la voilà lancée, gare dessous ! La fusée est partie, on la suit de l'œil, on l'applaudit des mains...

Oh ! garde ta cambrure,
Ta coquette figure,

Et ta vive encolure,
Ainsi qu'il nous en faut;
On te dit fort rieuse,
Assez peu langoureuse,
Et très-aventureuse.
Tant mieux; peut-on aimer qui n'a point de défau !

J'écris ceci le 19 janvier 1852 ; à dater d'hier tu as grandi de vingt coudées, et Mme Jolibois est toute une révélation.

PAULINE POTEL.

Qu'importe qu'elle soit si petite, puisqu'on la cherche, puisqu'on la trouve et qu'on la quitte à regret?

J'ai vanté bien longtemps ta naïve candeur,
Le piquant de ta voix, la bonté de ton cœur,
Et ta petite main à l'aiguille occupée.....
Pauline, qu'as-tu fait, hélas ! de ta poupée?

FLORE.

C'est toute une vie d'artiste; une vie avec ses éblouissements et ses ténèbres, ses joies et ses désillusions, ses diamants et son strass... Flore a vécu au vent de toutes les passions et elle en est sortie victorieuse, mais fortement ébréchée de tant d'épreuves. Je ne sache pas un homme qui ne parle de Flore avec plaisir, je ne sache pas une femme qui n'en parle avec affection.

Saluez, souriez, voilà Flore qui passe,
Flore dont la jeunesse a duré si longtemps :
Parfois ne voit-on pas sous un manteau de glace
Le frais œillet éclos aux baisers du printemps?

ARNAL.

Arnal entre; c'est Arnal ! Il vient de désopiler la rate du public; on rit de souvenir.

Arnal, disent quelques médisants, est un mauvais coucheur; eh bien ! corbleu ! n'allez pas coucher avec lui; qui vous y force, Messieurs? Ah ! pardon, c'est *Mesdames* que je voulais dire. Quand Arnal joue, recette double; quand il se repose, il y a un peu de vide dans la salle.

Duvert et Lausanne, Lockroy, Bayard, Varin, Arnal, voilà une fortune, en voilà deux, en voilà dix à l'épreuve des jeux de bourse et des jeux de révolution, bien autrement périlleux ou stupides.

Il était jeune encore, il débutait à peine,
Potier lorgnait Arnal qui ne répondait rien,
Quand tout à coup le maître de la scène,
S'écria : cet Arnal est un grand comédien.

Potier prophétisait.

Mlle FAVART.

A te voir si coquette, à te voir si gentille,
Par la réflexion étudier ton art,
On se prend à sourire au beau nom de Favart,
Et, joyeux, on se dit : Elle est de la famille.

Elle n'a pas prétendu descendre en allant des Français aux Variétés; on joue la comédie ici comme là.

Mlle Favart a de la distinction dans l'organe, de la distinction dans les gestes, de la distinction dans toute sa personne; et si elle parvient à secouer la poussière du Conservatoire, qui la voile un peu, ce sera ravissant et presque sans reproches... Émancipez-vous, Mademoiselle... ceci sans calembour.

Mlle VIRGINIE DUCLAY.

Elle saute, elle rit, elle pleure, elle chante;
C'est un sylphe, un zéphir, un bon ange, un lutin,
Un papillon, à peine éclos dès le matin,
Et cependant partout on dit qu'elle *aime et chante.*

Eh bien, non, elle ne l'est pas, et mon calembour ne vaut pas le diable... Que Mademoiselle Duclay me le pardonne.

Il y a chez cette charmante jeune fille un léger blaisement tout coquet, quelque chose d'enfantin qui enivre, et de provocateur qui subjugue. Elle joue la comédie pour jouer la comédie, et le théâtre lui appartient comme le berceau à la mère, le parfum à la fleur, l'Océan à la bonite, le duvet à la brise. Vive la comédienne taillée sur le modèle de Virginie Duclay !

CACHARDY.

J'espère que tu ne te fâcheras pas, drôle, car te voilà bien près d'une de tes camarades, dont chacun de nous envie un regard, une parole amicale.

Tu m'appartenais à Rouen, tu es encore mon homme à

Paris; si ce n'était par amitié, ce serait par reconnaissance, puisque ton premier début au Gymnase à eu lieu dans une pièce de moi, qui avais besoin d'appui... Merci, vaurien que tous les connaisseurs apprécient.

DANTERNY.

De la verdeur, de l'entrain, une fougue toute méridionale, et une excellente façon de phraser le couplet, voilà l'esquisse; le portrait, c'est à vous de l'achever.

HENRY ALIX.

Nouveau venu, je me trompe, nouveau bienvenu, et le Directeur-maraudeur de ce théâtre fait à la sourdine des coups de main qui assurent sa fortune.

MUTÉE.

Il n'est pas drôle, il est très-drôle; il n'est pas amusant, il est très-amusant. Moi qui dissèque l'artiste, j'ai besoin de plus d'un superlatif pour écrire ce qu'il vaut, pour dire combien il est apprécié.

MOREAU-SAINTI.

Le père, la mère, le fils, remarquable trinité; celui-ci chante avec goût, phrase admirablement le couplet, et fera parler de lui... La prophétie ne me coûte guère.

Mlle CÉLESTE.

A ce nom à peu près inconnu, j'en pourrais ajouter un sonore, retentissant, celui de Mogador; mais quelque esprit de travers me dirait *c'est leste,* et je veux lui épargner un ridicule.

Céleste-Mogador est cette bayadère rivale des Maria, des Frisette, des Pomaré, des Clara, de délirante mémoire, dont les jardins publics de la capitale se sont fait honneur, et qu'on suivait encore plus aisément de la pensée que du regard. Un jour qu'une de ces polkeuses voulait avoir de moi un billet de théâtre, je reçus d'elle une missive dont l'orthographe m'édifia sur l'éducation première de la nymphe dansante. J'étais habile, me disait-elle dans son poulet tout parfumé de musc, et elle ajoutait que je répondrais favorablement à ses désirs.

Homme habile, écrivait-elle en commençant son épître... Mais l'habitude de ce magnifique établissement, qui ajoute aux attraits des Champs-Elysées, fit écrire à ma jolie correspondante : *O Mabille!...* Elle reçut le billet sollicité en dépit de l'outrage fait à la grammaire, et l'amie de Mogador devint comédienne, pour donner un démenti à ceux qui prétendent que tout l'esprit des danseurs et des danseuses est dans leurs jambes.

Celle-ci joue admirablement des castagnettes et frottesque à ravir. Comme actrice, Page ne la redoute pas, la vaniteuse qu'elle est.

JEAULT.

Tant de lettres pour une syllabe ! que notre langue est absurde ! Servons-nous-en, toutefois, pour dire que *Jo* n'est déplacé nulle part, à moins qu'on ne lui donne un rôle d'amoureuse ou de duègne... Jeault marche et monte.

Mlle CONSTANCE.

Elle a de beaux yeux, de très-beaux yeux, des yeux magnifiques... Avec cela on joue le vaudeville, et l'on est applaudi.

Mme BLONVAL.

M. Garpier a fait en elle une excellente acquisition ; je n'étais pas homme à passer cette vérité sous silence.

KOPP.

C'est un nom étranger, c'est un comique de tous les pays, et ses charges sont toujours de bon goût : j'aime Kopp. Je l'aime beaucoup, je l'aime énormément.

DUVERNOYS.

Il fallait compléter la troupe, on voulait la mettre au niveau des meilleures de la capitale, et l'on fit l'acquisition de Duvernoy.

CHARRIER—DELIERRE—RÉAL.

Vous voyez que rien ne manque à la bande joyeuse, pas même les utiles utilités.

Mme ESTHER.

Elle a fait sa trouée, elle avance chaque jour vers la rampe, mais il ne faut pas qu'elle enjambe l'orchestre; de trop près les petits défauts s'aperçoivent; et qui n'a pas les siens! On l'applaudit sans être inspiré par la claque.

Mme CHEVALIER.

Et d'abord, ce devrait être Chevalière, car son talent est tout coquet, tout féminin, et n'a rien de viril; mais c'est du talent.

HÉLÉNA—JOLLY—LORRY.

Trois jolis noms, trois frais visages, trois claques à chacune... C'est leur ration quotidienne.

CÉNEAU.

Je la sais charmante; et, à propos d'elle, j'ai envie de gronder la direction et les auteurs, qui la laissent trop souvent dans le repos. Vienne mon tour, et je la vengerai de mon mieux.

LABA.

Si je le voulais, je trouverais ici et là-bas mon calembour; mais je parle d'un acteur sérieux, et je dis sérieusement que celui-ci est et sera toujours bien accueilli partout où il se présentera avec ses qualités de bon comédien... On en fait quelques-uns comme lui, mais on les compte.

LASSAGNE.

Il nous arrive des Folies; quelle folie de l'y avoir laissé si longtemps! L'œil de M. Carpier a visé sa proie, et le directeur s'est enrichi bien plus qu'il ne le croyait tout d'abord, car il a fait capture à la fois d'un niais, d'un sot, d'un matois, d'un rusé, d'un ivrogne, d'un portier, d'un soldat, d'un Picard, d'un Normand; en un mot d'un comédien multiple qui a planté sa tente aux *Variétés*, et que les Variétés ne donneront plus à personne.

BURGUY—GAUTIER.

J'ai bien envie de me pincer jusqu'au sang, puisque je

n'ai pas présent à la mémoire les meilleurs rôles de ces deux artistes, que le public aime du parterre aux loges, des loges au cintre.

CARA-FITZ-JAMES.

Si je ne me trompe, j'ai usé le bout de ma canne au profit de cette comédienne lors de ses débuts à Latour-d'Auvergne. J'ai cru reconnaître sa voix fraîche et bien timbrée, et il m'a semblé retrouver ses allures de soubrette accorte qui ont acquis de l'ampleur et de l'aisance... Vienne un joli rôle, et la critique taillera sa plume pour Mlle Fitz-James.

Mlle PÉLAGIE.

Bonjour, Lyonnaise. C'est entre le Rhône et la Saône que vous vous êtes lancée sur la scène, où vous naviguez en pleine eau. N'importe, vous êtes encore bien trop jeune pour les duègnes, et vous avez tant de sans-façon, que la jeunesse semble glisser puissante dans vos artères... Bonsoir, Lyonnaise.

NANTEUIL.

Tiens, en voici un qui m'échappait! Le serpent courait sans doute après quelque anguille de la maison; mais je le retrouve heureusement pour lui dire que je l'aime sur le théâtre et que je l'estime au foyer.

Mlle MOREL.

Où l'ai-je vue? où l'ai-je entendue?... Ce n'est pas elle que doit blesser cette question, c'est moi, dont les cheveux et la mémoire me disent adieu.

Si je ne me trompe, elle a débuté à l'Opéra-Comique, et la claque non soldée fit son devoir en applaudissant à une voix fraîche et bien timbrée.

M. Carpier, faites-la chanter, nous avons tant besoin d'harmonie!

DUFFAUT.

En voici un qui souffle; c'est le souffleur du lieu. Homme d'esprit et de tact, il souffle non-seulement le mot, mais l'intention de l'auteur, et plus d'un comédien lui doit ce qu'on appelle dans les coulisses un *effet*. Je vous en prie, Duffaut, soyez là quand on jouera mes pièces.

Mme JOLIVET.

Je lui défie d'être commune, d'avoir le geste poissard, un organe de halle ; Mme Jolivet est distinguée des pieds à la tête, et voilà vingt-cinq ans que j'ai dit pour la première fois ce que je répète aujourd'hui.

BACHE.

On me donne de l'esprit dans le monde, me disait-il hier; le monde me flatte, et la preuve, c'est que je ne sais pas faire mon chemin. Bache a tort à son tour; ce ne sont pas toujours les hommes d'esprit qui arrivent les premiers, et je connais bien des crétins qui usurpent la place de l'intelligence. Console-toi, Bache, la roue tourne pour tout le monde.

Mlle BERTIN.

D'un bond elle arriva de Latour-d'Auvergne au Théâtre-Français; du Théâtre-Français elle est venue ici et s'est dessinée causeuse intelligente, coquette distinguée.

On la disait gentille comme un ange,
Alors qu'elle n'était qu'enfant,
Avec quelques hivers, voyez comme tout change,
Elle n'est que belle à présent.

LECLÈRE.

Le sort, mon brave ami, t'a fait sortir un des derniers de l'urne; le sort te réservait pour la bonne bouche, comme on dit dans le monde élégant et dans le monde bourgeois.

Ah ! c'est que les uns comme les autres te reconnaissent aujourd'hui acteur éminent, comique sans charge, aventureux parfois, toujours vrai, toujours communicatif, toujours inspiré.

A ton arrivée au Vaudeville, on doutait de toi; tu n'as pas tardé à prouver qu'on avait tort et que j'avais raison, moi, ton directeur à Rouen, de te prédire le poste élevé que tu occupes aujourd'hui.

Tes succès, Leclère, ont retenti jusqu'à moi à travers les océans, et je t'applaudis de Taïty la parfumée et de Noukaïva la sauvage, où Mohama, de hideuse mémoire, voulait faire du pauvre aveugle son repas du matin... Ai-je bien fait de ne point apaiser son appétit de cannibale ?

Quand je te fis venir du pays de la pomme,
De ce fruit dangereux, par qui se damna l'homme,
Je savais bien, mon cher, qu'en t'appelant ici,
Je verrais tout Paris me dire un jour : *Merci !*

Cherchez mieux... je vous défie de trouver.

AUGUSTE et **NARGEOT**, chef d'orchestre.

Tous deux viennent souvent au foyer : le premier avec ses causeries charmantes, ses joyeuses anecdotes et ses façons d'homme bien élevé ; tout le monde l'aime, tout le monde lui presse la main avec plaisir.

Le deuxième est imprégné de mélodies, et les motifs dont il enrichit le répertoire de son théâtre disent une éducation musicale au niveau de celles qui font les réputations. Que tardes-tu donc à accepter un poëme que l'Opéra-Comique accueillerait à coup sûr avec bonheur, ta musique lui servirait de passe-port ? Un peu de modestie, c'est bien ; trop de méfiance, c'est mal... M. Nargeot doit oser, nous sommes sa caution.

M. DE SAVIGNY. — BOULÉ.

L'un est le distributeur des grâces du patron ; c'est la bienveillance dans tout ce qu'elle a d'exquis, et je vous défie de lui garder rancune d'un refus. L'autre est le metteur en scène : adroit, intelligent comme les plus habiles, il seconde si bien les auteurs, qu'on pourrait le nommer, sans injustice, après chaque succès.

PALAIS-ROYAL.

Ne vous donnez pas la peine de le chercher, vous ne le trouveriez pas.

Douze personnes debout s'y tiennent à l'aise, il y a là des banquettes qui datent de l'entrée des Israélites dans la Terre Promise, et sont d'une élasticité de moellon.

Tout le monde y va, comédiens et figurants, musiciens et chef de claque. Celui-ci est un homme d'intelligence qui vous dira le fort et le faible d'une pièce sans se tromper d'un iota; le maître de musique a doté le Vaudeville d'un grand nombre d'airs si jolis, si frais, si gracieux, que Tourterel, Doche et Blanchard voudraient les avoir signés.

Voyons défiler l'héroïque phalange de Dormeuil implantée là comme le Mont-Blanc sur sa base.

Et d'abord, pour arriver au sanctuaire, vous gravissez trois escaliers rapides en zigzag, et lorsque vous avez atteint le sommet, vous heurtez à gauche une porte ouvrant sur ce qu'on appelle Régie.

Il y a dela place pour trois; quatre y étoufferaient, cinq y sont impossibles. Mais là trône Coupart, l'homme aux anecdotes, esprit piquant, incisif, railleur, grattant l'épiderme sans laisser de fiel, jouant à l'épigramme et au madrigal à la fois, chiffonnant la soubrette, tâtillonnant l'amoureuse, grondant le paresseux, souriant au zélé, avare de billets de faveur, et veillant sur les intérêts de l'administration qui lui est confiée avec une sollicitude toute paternelle.

Place, messieurs, place, mesdames, l'armée défile au pas accéléré.

SAINVILLE.

Quand un fléau ronge une ville
Et promène sur elle un venin corrupteur,
Vous proposez souvent un habile docteur,
Moi, pour la dérider, je propose Sainville,
Qui peut faire la queue au barbier de Séville.

Il a ouvert le théâtre dans le prologue, et depuis lors il a marché grandissant, grandissant comme ces fleuves américains qui commencent en ruisseaux et finissent en océan.

Je vous défie de ne pas rire si Sainville vous l'ordonne. Le nombre de pièces qu'il a soutenues, vous le trouverez dans le nombre d'actes qu'il a joués.

DERVAL.

Pourquoi ce comédien d'élite est-il resté à ce petit théâtre? C'est qu'il est des affections qui vous tiennent fortement au cœur. Je dois bien de la reconnaissance à Derval qui m'a gardé debout quand j'étais prêt à tomber : Bonjour, mon ami *Cléobule*.

LHÉRITIER.

De quoi donc a-t-il hérité? De la verve, de l'entrain, du sans-façon des acteurs qui connaissent leur terrain.

GRASSOT.

C'est encore à moi que vous le devez. Il était mon pensionnaire à Rouen, où, certes, je l'aurais toujours gardé, si je n'avais quitté moi-même la direction des théâtres de la capitale normande.

Amis, voici Grassot,
Le jovial apôtre.
— Comment? lui *gras*, lui *sot?*
Ah! je vous jure bien qu'il n'est ni l'un ni l'autre.

RAVEL.

Il a droit à un quatrain, il aurait droit à deux, à trois si je voulais dire à l'aide d'hémistiches et de rimes ce que vaut ce comédien qui ferait à lui seul la fortune d'un théâtre..... Quel *Étourneau* que ce Ravel!!

LEVASSOR.

Il est poule ou renard, il est mâle ou femelle,
Il est jeune, il est vieux, droit, preste ou contrefait,
Il est vieille portière ou gente damoiselle;
Enfin il est parfait, il est plus que parfait.

LACOURIÈRE.

Mes lecteurs ne me pardonneraient pas de l'oublier; ils savent qu'il ne fait jamais ombre au tableau et qu'il se pose quand il le veut en première ligne... Lacourière veut souvent, presque toujours.

KALEKAIRE.

Rien ne me serait plus aisé qu'un distique sur ce nom propre que je pourrais opposer au granit et au quartz. Mais il faut parler sérieusement d'un acteur sérieux et la facétie tombe d'elle-même.

Mlle AUGUSTA.

Quelle gaillarde! Elle est autant à son aise sur la scène que dans le foyer, et je suis sûr que si Vadé renaissait, il donnerait à Mlle Augusta les principaux rôles de ses pochades... Est-ce que je me trompe, est-ce que Augusta est l'actrice de talent que je veux désigner? Les ténèbres sont un malheur de tous les instants.

HYACINTHE.

Il a un grand nez, de grandes mains, de grands pieds, et il plaît malgré tout cela, ou peut-être même à cause de tout cela. Quant à moi, je n'hésiterais pas à confier à Hyacinthe un rôle de responsabilité; tant d'autres s'en sont bien trouvés : Hyacinthe est plus que drôle, il est très-drôle; il est plus qu'amusant, il est très-amusant.

AMANT.

Je ne connais pas de plus délicieuse ganache; je connais peu de comédiens aussi précieux.

VALAIRE.

Si ce comédien de mérite ne se fait pas plus souvent applaudir, c'est qu'on ne veut pas d'amoureux à ce théâtre, consacré tout entier au genre comique. Valaire n'est pas là véritablement à sa place.

ACHARD.

Vous savez comme il chante, vous savez comme il joue, vous savez comme il parle, vous savez comme on l'applaudit, ou vous ne savez rien du tout. Paris, la Province et Carpentras se disputent Achard et se l'enlèvent à tour de rôle. Le plus heureux est celui qui le garde le plus longtemps.

PELLERIN.

On en dit du bien autour de moi, je ne l'ai pas vu, je ne l'ai pas entendu; je crois et j'écris.

SCHAIX.

Il était amusant au Vaudeville, pourquoi ne le serait-il pas à la Montansier? On ne déroge pas à ses vieilles habitudes.

Mme GRASSOT.

L'urne est une sotte, elle sépare le mari de la femme, ce n'est pas à moi que madame doit en vouloir. Mille amitiés à mon ancienne pensionnaire de Rouen, si elle garde de moi le souvenir que je garde d'elle.

ALINE DUVAL.

Vive et mutine comme un page,
Son esprit incisif ne connaît point de frein;
De son beau livre d'or feuilletez chaque page,
C'est toujours le même refrain.

Mme DUPUIS.

J'ai dit autre part tout ce que je pensais de cette charmante comédienne, à quoi bon me répéter pour ne rien apprendre à mes lecteurs?

Mlle SCRIVANECK.

J'aurais dû donner un démenti au hasard et tirer ce nom de l'urne à mon premier appel. Elle est gracieuse, svelte, coquette, elle dit avec esprit, elle jette son regard bleu sur la foule qui l'applaudit des mains et du cœur. La mère avait beaucoup de talent, la fille en a plus que la mère; j'ai battu des mains à toutes les deux.

Mlle DURAND.

Mes voisins me fatiguent les oreilles à force de me dire

qu'elle est jolie; mes voisines me fatiguent la pensée à force de me le répéter. Je sais, moi, que c'est une comédienne de goût et que les écrivains de l'endroit ne se font pas faute de lui confier les rôles les plus délicats... Mon tour viendra peut-être.

Mlle PAULINE.

Je ne suis pas toujours heureux dans mes visites à ce théâtre. J'ai souvent entendu faire l'éloge de Pauline, cette ravissante jeune fille, et je n'ai jamais pu le corroborer; mademoiselle ne jouait pas.

Mlle PELLETIER ou PÉLICIER.

Vive et accorte, soubrette provocatrice, jetant ses saillies au delà de la rampe comme au foyer : une de vos mains en emprisonnerait aisément quatre des siennes.

Mlle THIERRET.

Grondez-moi, mademoiselle, je ne vous connais pas; mais, si le regret est une expiation, je suis absous.

AZIMONT.

Pristi, quelle jolie fille! pristi, quel gracieux talent! pristi, que vous êtes heureux de *la voir!* Je souligne ces deux derniers mots de peur que le prote n'en fasse qu'un seul, ce qui, du reste, ne changerait pas trop ma pensée.

Mlle DARCY.

Je viendrais plus souvent visiter Coupart, si je savais que mademoiselle Darcy fît quelques pauses à la Régie; c'est un rendez-vous que je donne.

Mlle DÉSIRÉE.

C'était une des pierres les plus précieuses de l'écrin du Gymnase, elle n'a perdu ici ni de son éclat, ni de sa pureté. Les auteurs doivent s'estimer heureux que mademoiselle Désirée leur vienne en aide dans un jour de détresse; la sirène sauve les naufragés au lieu de les entraîner dans le gouffre.

Mlle GALLOIS.

Je vous la donne pour une franche commère ; prenez-la et dites-moi merci.

Mlle CHAUVIÈRE.

Je sais qu'elle est petite, mais je sais aussi qu'on se plaît à la chercher en deçà de la rampe et qu'elle rend bien à l'auteur ce qu'il lui confie d'esprit, de verve et d'entrain.

Mlle CICO.

Le Vaudeville a eu tort de la laisser partir, la Montansier a eu raison de s'en emparer : maladresse profite, et Dormeuil se courbe volontiers pour ramasser les miettes qui tombent des festins du riche... Mademoiselle Cico est une appétissante comédienne de tout point.

Mlle KLEINE.

Il y a loin du boulevard du crime au théâtre du Palais-Royal. Mademoiselle Kleine a franchi la distance, et Mouriez s'est mordu les lèvres au sourire de Coupart.

Mlle LAMBERT.

J'en suis fâché pour vous, mademoiselle, mais vous êtes trop inconstante pour que je vous consacre autre chose que deux lignes. A quoi bon fuir les lieux où vous êtes aimée, où vous êtes fêtée, non pas seulement parce que vous êtes belle, mais encore parce que vous êtes une comédienne distinguée?... Vous voyez que je vous garde rancune.

Mlle CÉLINE MONTALANT.

Le calembour serait trop facile, tout le monde l'a déjà fait, je ne veux pas être l'écho de tout le monde.

Léontine Fay enrichit le Gymnase alors qu'elle avait six ans à peine ; Céline Montalant est fillette à enrichir tous les théâtres assez heureux pour se l'approprier. . Ce n'est pas seulement une vocation, un éclair, c'est une révélation tout entière ; Léontine revit en elle, Léontine nous est rendue avec toutes ses grâces, avec tout son entrain, avec toute son âme. Baissez la tête, regardez à vos pieds, afin de ne pas marcher sur le front de cette jeune merveille.

PORTE-SAINT-MARTIN.

C'était jadis un kaléidoscope, une macédoine, un tohu-bohu perpétuel. On y voyait des chevaliers avec leurs rapières, des gueux avec leurs haillons, des duchesses avec leurs rubis, des bergères, des bandits, des paillasses, des singes, des éléphants, des ménageries complètes, des sauteurs de corde, des escamoteurs... on y a tout vu, tout, et même le drame avec ses terreurs, ses larmes et son désespoir.

Hugo, Alexandre Dumas ont trôné sur cette scène comme Canapus et Syrius au firmament; et, depuis lors, un long voile de deuil a terni le temple où pourtant quelques talents hors ligne ont souvent attiré la foule... Pleurez Dorval.

Un jour, des auteurs, des hommes de lettres s'agitaient en sens divers, et cherchaient dans d'amères critiques à blâmer l'usurpation de Dumas. Dumas, mon homme à moi, mon prosateur aimé, mon poëte par excellence; comique, amusant ou tragique à son gré; Dumas, une des plus puissantes têtes de notre littérature moderne, inépuisable source de livres pleins de verve et d'originalité contre lequel la dent de l'envie s'userait inutilement.

— Qu'est-ce que cela? dit Harel en arrivant.

— Ce sont des auteurs qui critiquent Dumas.

— Les polissons! ils ne sont pas capables de faire ses entr'actes.

J'en étais là de mon récit, lorsqu'on vint me dire que le théâtre rouvrait ses portes au public et le foyer les siennes aux artistes... Bravo... bravissimo, Marc Fournier succède à Harel, comme Napoléon à Charlemagne. Si la tèté du premier est au niveau de sa plume, le temple est sauvé. Et d'abord voici une nouvelle qui sera certes accueillie avec joie, Mélingue enrichira toujours ce théâtre; je lui dois un quatrain.

MÉLINGUE.

Où repose-t-il donc sa tête poétique?
Est-ce dans une arène, ou sous un temple antique?
N'importe ; quand sa voix retentit quelque part,
On arrive, on écoute, et trop tôt on repart.

Mélingue est l'homme de l'inspiration et de l'imprévu; on l'a taillé artiste des pieds à la tête, nous l'aimons de la tête aux pieds.

LIA FÉLIX.

On m'apprend à l'instant que Mlle Lia Félix, sœur de Rachel, sœur de Sara, sœur de Raphaël, sœur de Judith, vient d'être engagée par Marc Fournier, qui sait bien ce qu'il fait. Nous logeons sous le même toit, Mademoiselle; je vous dois un quatrain, libre à vous d'y touver un calembour.

Si vous placez dans la cour du logis,
Coq ou poulet, canard, lièvre ou perdrix,
Dindo, pigeon, colombe grise ou blanche;
C'est vers le coq seul qu'elle penche.

Mme LAURENT.

Cette belle personne soupire, pleure, aime et maudit sur le théâtre, comme on le fait dans le monde, quand on a du cœur au cœur. Mme Laurent sera l'un des plus fermes appuis de la direction confiée à Marc Fournier, qui a montré du goût, du tact, en s'appropriant une actrice familiarisée aux planches, familiarisée aux bravos.

DROUVILLE.

Je savais bien qu'on ne te laisserait pas longtemps en repos, mon vieux camarade, et Rouen n'est pas si loin de la capitale, qu'on n'ait entendu d'ici les applaudissements que tu recevais à trente lieues de distance. Sois le bienvenu, Drouville, et garde nos souvenirs de haute estime et de pafaite amitié.

BIGNON.

C'est un artiste qui connaît sa rampe, et qui a l'adresse de se faire son public. Taillez un rôle pour Bignon, et vous verrez si l'auteur n'ira pas lui presser les mains par reconnaissance.

LUGUET.

Le vaudeville lui va, la comédie et le drame lui vont comme le vaudeville; aussi le directeur ne laissera-t-il pas chômer longtemps ce comédien émérite. Luguet a du goût, du tact, de l'habileté; de pareils guides ne permettent point de s'égarer.

SAINT-LÉON.

La Porte-Saint-Martin s'est recrutée de ce que les théâtres maladroits avaient laissé dans l'inaction. J'en connais quelques-uns qui voudraient bien reprendre le bien qu'ils ont perdu.

SAINT-MARC.

Ne t'ai-je pas vu, camarade, à la Gaîté, terrifiant tes auditeurs, et jetant au-delà de la rampe les chaudes émotions de ton âme?... Je gagerais que oui, parce que j'ai la mémoire du cœur, si celle du regard me fait défaut.

PEUPIN.

Il n'y a pas de ma faute, je ne le connais pas. Quand on arrive de la Chine, de San-Francisco, du Chili, de Taïti, de Noukahiva, on est excusable de ne pas placer l'éloge sur tous ceux qui le méritent; il y a si loin d'ici à Canton! bien plus, je vous assure, que de Paris au pays des magots.

Mlle GRAVE.

Elle est comme son nom, elle prend son art au sérieux; elle est sympathique, et je vous défie bien de ne pas l'aimer beaucoup si vous l'aimez un peu... quant à moi, c'est déjà fait.

AMBIGU-COMIQUE.

Béraud venait de partir, le chômage était menaçant, un voile de deuil répandait ses teintes sombres sur la salle autrefois si florissante... On avait peur pour le présent et pour l'avenir.

Le théâtre aux abois poussait son dernier râle,
Les souris du quartier jouaient du mirliton,
Un quinquet jetait, seul. sa flamme sépulcrale,
Et dans le temple saint volait le hanneton.
Frédéric avait vu mourir sa Closerie,
Bouchardy se taisait, et, plein de rêverie,
Dennery, l'œil éteint, allait porter ailleurs
Ses drames saupoudrés de poignards et de pleurs;
C'était l'effroi, la mort, un vaste cimetière;
Dumas à Saint-Ernest arrachait sa rapière.
Aux lèvres de Verner il disait: Taisez-vous;
Les regards de Naptal étaient sans poésie;
Chilly de ses remords n'avait plus à gémir;
Guyon voilait son front désormais sans magie,
Et sur son petit banc l'ouvreuse allait dormir.
Tout à coup: Mes amis, dit une voix sonore,
Fût-ce contre l'enfer, luttons, luttons encore.
Fût-ce contre le ciel, luttons, luttons toujours;
Fuir serait lâcheté, combattre est une gloire;
La défaite souvent précède la victoire,
Comme les jours de deuil précèdent les beaux jours.
Aux armes!..... A ce cri l'héroïque phalange
Se redresse, s'émeut; on se serre la main,
Sous un même drapeau chaque soldat se range,
Et l'énergie au cœur, on se dit: A demain.
La souris de nouveau rentra dans sa retraite,
L'ouvreuse revêtit ses beaux habits de fête,
Le lustre ravivé brilla tout radieux,
L'encens du temple saint remonta vers les cieux,
Le marchand de coco revisita la salle,
Le titi regagna joyeux son trône d'or,
Le marchand de croquets, à la voix de stentor,
Sa richesse à la main, parcourut chaque stalle,
Et l'orchestre d'Artus réveillant les échos,
Recommença ses chants au milieu des bravos.

Si vous montez au foyer de ce théâtre les yeux fermés,

et que vous preniez place dans un fauteuil ou sur une banquette, près de la croisée ou de la cheminée, vous vous croyez au milieu d'une fête de famille; dix à douze bambins et bambines sautent, gazouillent, sucent des pralines, mangent des gâteaux, crient, se pincent, se mordent.... ils sont heureux.

Les pères et les mères de cette gracieuse couvée sont là aussi, brodant ou chiffonnant comme des pensionnaires, en attendant que la sonnette leur dise qu'on les appelle autre part. Tout cela est charmant à voir, tout cela est doux à étudier; c'est là une république modèle, à donner en exemple à tant d'autres républiques bâtardes qui pavent le monde.

Voyons défiler l'armée des braves dont nous avons à nous occuper aujourd'hui; hommes et femmes se croisent dans les rangs, le sort les désigne sans les classer.

Mme NAPTAL-ARNAULT.

Lorsque j'entends vibrer ta lèvre maternelle,
Qui gronde ou caresse tout bas,
Je me dis : Ces enfants certes ne sont pas d'elle...
Les Grâces n'en ont pas.

Énergie et suavité sont deux rares qualités qui distinguent Mme Arnault, dont l'organe est si pur et si limpide, qu'on le dirait âgé de dix-huit printemps sans hivers..... Mme Arnault laissera un beau nom au théâtre.

SAINT-ERNEST.

J'allais dicter les lignes qui suivent à mon secrétaire, quand il s'est écrié : Voyons ce que vous dites du *terrible* Saint-Ernest? Eh! bon Dieu! pas plus terrible qu'un autre; il pleure aussi parfois, il est souvent persécuté, il reçoit également ses anathèmes, et les habitués de l'endroit le voient sous tant de faces, qu'ils se demandent comment on peut se travestir ainsi, sans cesser d'être toujours vrai.

Saint-Ernest, Saint-Ernest, je te devais un quatrain; tant pis pour toi s'il te blesse.

J'en suis fâché, brigand, mais jamais ton éloge
Ne viendra dégrader mon crayon tout loyal,
Et je ne comprends pas, toi qui n'as droit qu'au pal,
Qu'on ose te placer dans le martyrologe.

Saint-Ernest côte à côte avec saint Sylvestre, saint Polycarpe et saint Ignace! Jupiter, lance tes foudres, mais qu'elles frappent à côté; laisse-nous Saint-Ernest.

Mlle DAROUX.

Sauve-toi, gentille colombe, Saint-Ernest a faim, et il pourrait bien t'enlever au théâtre où l'on aime ta grâce, ta fraîcheur et tes doux rêves d'avenir... Le bandit Saint-Ernest est aussi un ogre, et pourtant je ne le blâmerais qu'à moitié si j'étais du repas... Je reviens d'un pays où l'anthropophagie est en honneur.

CHILLY.

Voici un artiste, d'étude drapant ses personnages et les traduisant à la barre de son intelligence, comme le ferait un statuaire de renom. Au boulevard on jure par Chilly, toujours chaud, toujours consciencieux, toujours dramatique.

VERNER.

Tiens! c'est un ami, cela me désoblige, car il ne me sera pas permis de dire tout le bien que je pense de ce comédien d'élite, qui n'aura pas de quatrain, parce que je ne suis point en verve, et que je l'aime d'ailleurs en prose comme en vers.

ARNAULT.

C'est bien assez que le public ne le sépare pas de sa femme dans ses bravos de chaque soir. L'urne dramatique dans laquelle je puise, le punit de ses triomphes, en le faisant distancer par deux ou trois artistes jaloux de son bonheur. Vous ne diriez pas qu'Arnault récite ses rôles, vous croiriez qu'il les fait : son débit, c'est l'action.

Mlle FESLER.

Bonjour, bonsoir, bonne nuit; vous êtes toujours la bienvenue, parce que vous avez de la grâce, de la jeunesse, et que vous dites avec intelligence. Si le lecteur veut savoir pourquoi je vous aime... je lui répondrai que cela ne le regarde pas.

Je vous boude, Mademoiselle ; aussi je ne veux dire à personne que vous êtes gracieuse, que vous avez de l'avenir, et que les auteurs seraient sages de vous confier des rôles de quelque importance.

Qu'on l'ignore donc.

BOUSQUET.

Un homme d'esprit disait de Regnard qu'il n'était pas médiocrement plaisant. Je répète le mot de l'homme d'esprit à propos de Bousquet, l'acteur aimé du parterre et des loges.

AMÉDÉE ARTUS.

Que diable viens-tu faire ici, toi dont la famille, de père en fils, croque des notes comme les enfants des dragées? Nous sommes de vieux amis, n'est-ce pas? Enfants des Pyrénées, nous nous pressons la main avec une fraternité patriotique, et je souris à tes succès comme si j'en avais ma part.

Les quadrilles d'Artus, les valses d'Artus, les polkas d'Artus feraient sauter et danser des culs-de-jatte. C'est une verve intarissable, c'est une source toujours active de motifs dramatiques ou gracieux, vous disant à merveille la couleur de la scène qui va se dérouler devant vous.

Je presse de nouveau avec bonheur la main d'Artus père et d'Artus fils, son digne auxiliaire.

SALVADOR.

C'est le secrétaire général de l'administration. Il a de l'esprit comme vous et moi, quand nous en avons beaucoup; et si j'étais indiscret, je citerais maint journal bien famé qui s'enrichit, sans l'appauvrir, des miettes tombées de sa table quotidienne : Qui ruinerait Rothschild?

LAURENT.

Ce n'est pas Odry, ce n'est pas Vernet : c'est l'un et l'autre. Il ne les copie pas, il ne les imite pas, il marche dans toute sa liberté, les coudées franches, et je vous défie de ne pas vous griser avec lui, s'il le veut, ou de ne pas sourire avec lui, s'il vous l'ordonne... Laurent est un profond comédien; plus vous l'étudiez, plus vous l'appréciez; plus vous l'écoutez, plus vous battez des mains. Laurent est l'homme de tous les étages, depuis le parterre jusqu'au paradis.

Il est multiple, je le vois.
Soit par le geste ou la figure,
Par le regard ou la tournure,
Le drôle est si narquois
Qu'il sait vous faire rire et pleurer à la fois.

GASTON. — GOUGET.

Ne les séparons pas : c'est Castor et Pollux, Euryale et Nisus, Pythias et Damon, Oreste et Pylade; c'est l'amitié dans ce qu'elle a de plus intime; c'est la fraternité dans ce qu'elle a de plus consolateur. Les applaudissements donnés à celui-ci, c'est celui-là qui s'en réjouit... Ils vivent de la même joie; vous verrez qu'ils mourront de la même peine. On se repose avec bonheur sur de pareils tableaux.

DE PRELLE.

Il pense à tout, le coquin, même à ses rôles; même au mouvement perpétuel, qu'il cherche et qu'il ne trouvera pas, quoiqu'il vous assure que c'est déjà fait. De Prelle, De Prelle, la quadrature du cercle a occupé bien des cerveaux, la navigation aérienne a dévoré bien des intelligences... Ne cherche pas le mouvement perpétuel; il n'est pas même dans les larges mains des claqueurs de ton théâtre, qui se lassent parfois à la besogne.

LYONNET.

N'est-ce pas que vous avez vu souvent le magnifique Elbeuf doublé de soie, celle-ci presque aussi coûteuse, aussi solide que celui-là ? C'est Lyonnet et Saint-Ernest, c'est le talent doublant le talent; retournez l'habit, il sera toujours beau, vous serez toujours richement vêtu.

THIERRY, BARD, STAINVILLE. MACHANETTE, DEBREUIL, CUREY, FEBVRE.

Un livre commandé est un véritable lit de Procuste : on taille, on découpe, on extirpe ce qui dépasse certaines limites; et voilà pourquoi je n'ai pas d'excuses à faire aux derniers comédiens que je viens de nommer, puisqu'il ne dépend pas de moi de leur rendre toute justice. Les regrets sont une expiation.

LUCIE.

J'allais écrire Mlle Lucie; mais j'arrive de Taïti et de Noukaïva, et l'on m'apprend que je dois saluer de la main et du cœur Mme Plouvier. Salut donc à l'actrice de talent, à la femme de mon ami, à l'enfant gâté des habitués de l'Ambigu-Comique!

Mme MÉSANGE.

Je vous dois un succès, Madame, je vous en devrais deux si je vous avais confié deux rôles. Les auteurs joués à ce théâtre vous en doivent dix; ils vous en devront vingt dès qu'ils auront recours à vous... Affaire d'habitude.

Mmes MARIE CLARISSE, CAROLINE LEMAIRE, JANE ESSLER.

Je les confonds aujourd'hui dans ma pensée; mais je sais qu'il y a parmi tout cela de la grâce et de l'élégance. Plaignez le pauvre aveugle qui n'a jamais que la moitié d'un plaisir, jamais que la moitié d'un bonheur... La charité, s'il vous plaît! Mesdames.

Mme GUYON.

C'est la fierté dans sa noblesse antique,
C'est la vertu dans sa candeur pudique,
C'est la femme élégante, et la femme de cœur.
La voir est une joie, et l'entendre un bonheur.

Si vous n'avez pas applaudi au talent passionné de Mme Guyon, c'est que vous n'avez pas de sang rouge; c'est que vous êtes une carafe d'orgeat.

OLYMPE.

Je n'y croyais pas; on me l'assure, donc cela est. Oui, c'est Olympe, non pas cet orgueilleux rival d'Ossa et de Pélion que les géants entassèrent jadis pour escalader les cieux, mais une Olympe qu'on n'escalade pas aisément et qui lasse à la course les piétons les plus déterminés; car vous croyez qu'elle a des ailes, ainsi que le papillon, son frère en légèreté, calembour à part.

L'Olympe dont ici vous parle le poëte,
Est une jeune fille au corps souple, à l'œil noir,
Dont six mille amoureux se feraient un miroir,
Et qui tourne les cœurs comme on tourne une tête;
Voyez ses petits pieds, ses invisibles mains,
Ses globes rondelets abrités sous sa guimpe.....
Soupirants éconduits, enviez le destin,
De celui qu'on créa le Dieu de cet Olympe.

GAITÉ.

C'est sans doute parce qu'on craint l'irritabilité des caractères que les foyers des théâtres de Paris sont étriqués et peu commodes. Là s'irritent les petites ambitions, les petites jalousies, les petites rancunes, et il y a sagesse, vous le voyez, à tenir à distance les personnages que le foyer semblerait tout d'abord devoir réunir. Diviser pour régner, c'est de la politique; tout directeur doit être diplomate.

Poursuivons notre tâche, rien n'est fait quand il reste quelque chose à faire.

Mme LAMBQUIN.

Elle n'est là, cette comédienne d'élite, que parce qu'on a été maladroit autre part; mais les Variétés viennent de s'en emparer, et bien certainement elles ne sont pas disposées à la céder à de plus heureux rivaux.

A ta fébrile voix, à ta tristesse amère,
A ces cris de douleur
Échappés de ton cœur,
Chacun se dit : C'est une mère.

DESHAYES.

De pareils artistes sont une fortune pour toute direction. Deshayes semble jouer avec l'art dont il s'est fait une étude sérieuse, et *le Champi* l'a posé en première ligne des comédiens d'élite. Tous les genres lui sont bons : le comique, le burlesque, le sérieux, le dramatique; et, pour ma part, si je ne lui donne qu'un quatrain en échange de ce que je lui dois, ce n'est point par ingratitude, c'est par impuissance.

Tu m'as vu bien souvent frémir à tes douleurs,
Toi, qui nous peins si bien ton filial martyre ;
Combien de fois aussi fis-tu couler mes pleurs,
Sous ton fatal éclat de rire!

Merci, merci, trois fois merci.

FRANCISQUE JEUNE.

On aime, en dépit de soi, cette drôlatique figure, qui vous amuse d'autant plus qu'il y a quelque chose de mélancolique en elle. Francisque jeune est mon homme du rire, comme Francisque aîné était mon homme des larmes... Ma phrase cloche peut-être par la régularité, mais ma pensée est debout, je n'y toucherai pas.

Mme LACRESSONNIÈRE.

J'ai parlé du mari, je dois parler de la femme, belle et noble personne, charpente ciselée pour le drame, organe plein de sonorité, tout imprégné d'amour et de poésie.

De ce temple éloigné vous êtes vraiment reine,
Reine par le talent, reine par la beauté.
Qu'est-ce donc qu'une souveraine
Si ce n'est la pudeur jointe à la majesté ?

LÉONTINE.

J'ai du rouge, du blanc, du bleu, du jaune dans mon encrier ; mêlons toutes ces nuances et faisons Léontine.

Tout cela n'est pas vrai, tout cela louche et cloche,
C'est un bruit imitant celui d'un tourne-broche,
C'est quelque chose enfin de faux et d'incomplet...
Demandez au Titi si cela lui déplaît.

Léontine semble avoir toujours faim sur la scène, le paradis a toujours faim de Léontine. Bon appétit, mes goulus ; bon appétit, ma goulue.

MATIS.

Presse-moi la main, mon vieil ami. Il y a longtemps que tu sais ce que je pense de toi, il y a longtemps que je l'ai écrit ; je ne suis pas homme à me démentir, et mes souvenirs te placent bien haut dans mon estime.

SURVILLE.

On naît comédien comme on naît avec des cheveux bouclés ou des cheveux plats. Surville doit avoir reçu son baptême dans les coulisses d'un théâtre... Il joue les premiers rôles, je le crois bien sans peine, c'est bien là son emploi.

DELAISTRE.

Secouez vos habits, voilà un brigand, un scélérat, un

ogre, un anthropophage... Ce n'est pas un homme, Deaistre, c'est un cannibale, qui sent le meurtre à dix lieues à la ronde, et cependant on le cherche jusqu'à ce qu'on l'ait trouvé... Quelle génération que la nôtre !

MEINIER.

Que voulez-vous? il m'est impossible de ne pas sourire à la bonhomie de cet homme, il m'est impossible de ne pas rire aux éclats à ses excentricités joyeuses. Ménier a quelque chose en lui qui s'empare de vous, et cela sans effort, comme une coquette dont le regard vous subjugue, dont la parole vous enivre.

AUBRÉE.

Pourquoi cet *e* muet à la fin de ton nom? on dirait une amoureuse, tandis que tu n'es qu'amoureux, amoureux avec toute sa passion, avec tous ses entraînements.

E. BONDOIS.

Encore un amoureux, on en fourre partout, et partout ils sont les bien reçus, parce qu'ils parlent la langue du cœur, qui vaut infiniment mieux que celle de la tête.

BARON. — JULIAN.

Dans la hiérarchie du théâtre, ils jouent les deuxième et troisième rôles. Encore un pas, ils joueront les deuxième et premier rôles; le tout est de le faire, et ils le feront.

CASTEL.

Castel se réfugie derrière sa modestie ; nous devons l'en retirer pour lui rendre justice.

LINVILLE.

L'Ecriture dit que les premiers seront les derniers, et les derniers les premiers. Te souviens-tu de Chabert, ami? Je ne l'ai pas oublié, moi, qui ai fait rejaillir sur toi seul les applaudissements de la salle. La reconnaissance est parfois un rude fardeau; si je ne t'en devais pas, tu aurais quelques lignes plus élogieuses.

PÉPIN. — BONNET.

On appelle celui-là raisonneur, celui-ci amoureux : ils sont bien placés tous deux dans leurs emplois.

LEQUIN—SANDRÉ—FRESNE—BLOT—GALABERT ALEXANDRE—RICHE.

Je n'ai pas d'équipage, je ne puis pas toujours me donner l'omnibus ; aussi, suis-je peu familier avec les talents secondaires des théâtres éloignés de ma pauvre demeure. J'en entends parler avec éloge, je recueille le nom des artistes qui ne doivent pas vivre dans l'oubli, je remplis mon devoir : impuissance n'est pas crime.

Mlle THUILLIER.

Quand on m'annonça son arrivée à Paris, je m'en réjouis pour la capitale ; aujourd'hui, je m'en félicite doublement pour le théâtre qui s'en est enrichi.

Toi, dont l'œil est baigné de si brûlantes larmes,
Et sembles à plaisir te bercer dans ton deuil,
On dirait à te voir répandre tes alarmes ,
Que la Dorval n'est pas descendue au cercueil.

HORTENSE JOUVE.

Elle est vive , elle est accorte , elle est soubrette de la tête aux pieds, elle l'est des pieds à la tête.

LAURENTINE.

On en dit beaucoup de bien ; son titre est amoureuse. L'êtes-vous, Mademoiselle? Allez, allez, parlez sans crainte, je ne vous verrai pas rougir. Et puis encore, il n'y a pas de mal à aimer, alors surtout qu'un doux échange a lieu. Si vous aimez quelqu'un chez vous comme sur le théâtre, bien des gens envieront son bonheur. Je vous crois le cœur placé plus haut que la tête.

Mlle DAUBRUN.

Si c'est vous que j'ai vue au Vaudeville , et à qui j'ai confié votre rôle de début ; si c'est toi que j'ai applaudie à la Porte-Saint-Martin, trois fois bravos à Hostein qui n'a pas voulu te laisser dans tes loisirs. Tu es belle, vous êtes comédienne, tu devrais te rapprocher de nous. Pourquoi te plairais-tu au boulevard du crime, toi qui n'en commets pas, toi qui ne connais que la générosité?

JÉAUT.

Voici la doublure de Mme Lambquin : la belle étoffe devient un voisinage dangereux.

LAGRANGE.

A la bonne heure! la voilà taillée en soubrette ; elle encense ses jolis mots du parterre au cintre, comme on le fait d'une balle en caoutchouc.

DUREY—CÉLINI—CLARA—BETS—TALINI—ROSE MEYER.

Je me répète, je suis trop loin du théâtre, le théâtre est trop loin de moi. Accusez ma mémoire et non pas mon cœur.

SENNE.

Je t'ai connue bien gentille ; mes voisins m'assurent que tu n'es pas changée. Dès lors, ta main, je te prie, et un remercîment du pauvre Bélisaire, barricadé dans ses ténèbres.

ANNA POTEL.

C'est Anna, ce n'est pas Pauline ; ce n'est pas Pauline, c'èst Anna que j'ai trouvée bien jeune, bien novice, chez l'oculiste qui nous soignait tous deux. Elle a été plus heureuse que moi, elle l'est encore davantage... Que Dieu te garde ta gaîté... Je ne parle pas du théâtre ; je parle de ta joyeuseté d'enfant, de tes valses échevelées et de tes caprices du Château-Rouge, où l'on faisait cercle autour de toi.

FRÉDÉRIC LEMAITRE.

Il vient de dire adieu à ce théâtre ; il a porté ailleurs son imprévu, sa jeunesse de cinquante ans, sa virilité de vingt-quatre ; il va faire pleurer et rire en même temps ; il va émouvoir, étonner, subjuguer... Nous serons là pour l'enthousiasme.

En valet, en seigneur, en casaque, en manteau,
Armé de sa cravache, ou bien de son couteau,
Dès qu'on le voit paraître
On écoute, on admire, on dit : Voilà *le Maître !*

FOLIES-DRAMATIQUES.

C'est tout au plus si je me souviens qu'il y a ici un foyer. Seulement, ce que je sais, c'est que de ce petit théâtre se sont élancés de grands acteurs, que le maître de la maison y a trouvé une Californie aux premiers jours de sa conquête, et qu'on y joue de charmants ouvrages entremêlés de mauvais vaudevilles, dont l'auteur de ce livre est responsable envers le bon goût et le public.

Bonsoir à M. Mouriez.

DÉLASSEMENTS-COMIQUES.

Entrez; mais emparez-vous vite de la rampe qui vous guidera au milieu des ténèrbes. Montez, montez encore; un frais gazouillement s'échappe d'une petite salle flanquée de banquettes usées : c'est là.

J'ai vu ce foyer il y a quelques années; on y disait des choses étranges, on y entendait des refrains de cabaret, on y échangeait des regards et des syllabes à brûler à la fois la pensée et le cœur... Glissons sur cette triste époque.

Aujourd'hui, c'est un foyer d'où la gaîté n'est pas bannie, où l'on rit, où l'on batifole, où l'on paraît heureux.

Émile Taigny, en prenant la direction des Délassements, a voulu qu'il en fût ainsi; il l'a voulu si fermement, que tout ce qui sortait du cercle honnête n'a plus reparu, et est allé porter ailleurs ses excentricités de caserne.

Voyons la petite troupe de la petite salle où s'agitent de petits talents, où se heurtent de petites ambitions.

M. et Mme EMILE TAIGNY.

Applaudir le mari c'est applaudir la femme,
Un rayon pour tous deux, une âme dans une âme,
Et quand l'un montera vers le divin parvis,
On lira sur sa tombe : *Ici sont deux amis.*

Cela est touchant, cela est consolateur, je vous assure, que cette douce et sainte affection du couple artiste qui s'est fait une grande réputation parmi nous, et qui, à lui seul, est une fortune pour ce théâtre, comme il l'a été pour bien d'autres.

ALPHONSINE.

Peste ! fichtre !! bigre !!! sacrebleu !!!! C'est Alphonsine qui entre en scène, se pose fièrement devant la rampe, provoque le parterre et les loges, et, sans sourciller, ferait face à un régiment de Royal-Cravate. Est-ce du talent ? Oui. La fusée éclaire. J'aime Alphonsine, je l'aime là surtout, et cependant elle ne serait pas déplacée sur une plus vaste scène si, au lieu de l'éperon, on lui donnait un frein... Bah ! bah ! laissons-la chevaucher aux applaudissements de la foule, elle est de race.

D'plus folle il n'en est pas de Paris jusqu'à Rome,
On ignore le jour ousqu'elle commença.
Combien s'en faut-il donc pour que ce soit un homme ?
I' n' s'en faut pas d' ça.

Mlle MATHILDE.

C'est un joli nom, c'est une charmante personne, c'est un gracieux talent... Bravo ! bravi ! brava !

MARKAIS.

Il amuse, il fait rire ; il n'a pas d'autres prétentions : modestie va bien au mérite.

E. VILLARD.

C'est le premier comique du lieu ; il n'a pas volé son titre ; l'urne a tort d'avoir fait sortir son nom après celui de Markais. Villard, n'oubliez pas que les grands théâtres se recrutent des petits ; je sais quelqu'un qui vous lorgne

RENAUD.

Chapeau bas, voici le père noble des Délassements qui joue avec le cœur et connaît parfaitement ses planches.

MIKEL.

Laissez-le marcher dans la vie, et vous verrez qu'il se fera une excellente réputation. Mikel a commencé ici; il se consolide à chacune de ses créations; il fait sa base large, et il est aimé de ses camarades autant que du public, qui le traite en enfant gâté.

JOSSE—GERPRÉ—DONATIEN.

Il paraît que l'on veut beaucoup de comiques dans ce théâtre; car après Josse, par qui l'on rit, viennent encore Gerpré et Donatien, qui occupent bien leurs places.

FRANK.

Voici un Franc amoureux, ou un amoureux Frank, comme vous voudrez; il est à bonne école, il fait des progrès, il élargit ses ailes.

LUCIEN.

C'est un finacier... Non, je me trompe, c'est un financier; on l'appelle aussi *Raisonneur*. Tout cela, c'est de la comédie.

GOBERT—ALEXIS—BLONDELET—LINGE.

Ces quatre noms sont fêtés par les habitués des Délassements, et c'est justice. Emile Taigny n'est pas assez maladroit pour s'en séparer.

Mmes VILLOT—CÉCILE—TIVET.

Je les confonds sur ma liste, le public les confond dans ses bravos. Gentillesse, espièglerie : ce sont là d'excellents passe-ports. Gendarmes, laissez passer; filous, faites main basse, le larcin en vaut la peine.

LEQUIN—ROZALE.

Deux duègnes; il n'y en a que deux : en faut-il davantage, lorsqu'elles ont du talent comme quatre.

MÉRY—FÉLICIE—CÉLINA—ADÈLE—HÉLOISE—CRAIRE.
VALÉRIE—AMÉLIE—PAZZA.

Je n'ai plus de papier à vous donner, mes chères demoiselles, mes lignes me sont comptées; sans cela, je trouverais bien quelque madrigal à votre adresse. Impuissance n'est pas ingratitude; et je vous remercie du plaisir que vous m'avez souvent donné aux Délassements.

Le chef d'orchestre, M. Kriezel, est d'une intelligence rare : je n'avais garde de l'oublier. Quelque chose cloche à ce théâtre : c'est le régisseur en chef. Mais quelle activité, quel zèle et quelle langue! j'allais dire quelle blague (le mot est consacré) : il faut pourtant tout cela pour faire marcher cette lourde machine qu'on appelle théâtre; et M. Armand est, après Émile Taigny, le ressort le plus puissant de l'horloge.

MM. Denizard, Launois, Gonnet et Bertin, je vous serre les mains pour vos politesses de tous les soirs.

CIRQUE NATIONAL.

Il est une chose que je redoute plus qu'un coup de pied de cheval, ce sont deux coups de pied; or, si j'aime le manége, je déteste Bucéphale; si j'adore Don Quichotte, je méprise Rossinante, et je fuis Montfaucon à l'égal d'un hospice de lépreux.

Vous savez maintenant pourquoi, infidèle à ma promesse, je ne vous initierai pas aux mystères des foyers du Cirque, dont les échos ont dit tant de gloires et consolidé tant de renommées.

Je voulais saluer le directeur, mais il trône aux Funambules; laissons-le là-bas.

ITALIENS.

Hier.

Je vous ai promis autant de foyers qu'il y a de théâtres : Je ne vous tiendrai point parole. Le foyer des Italiens est un mythe. Les hauts-barons du journalisme nous avaient dit, au commencement de la campagne dramatique qui va bientôt se fermer, que jamais les Italiens n'avaient été si riches en artistes, en répertoire, en orchestre, en décorations... Le passé devait disparaître sous les rayons du présent.

Rubini, Pastachi, Lablachi, Marioni, Ronconi, Grisi, Morelli, Albertini, Viardoni, Amigoti, et tous les noms en *o*, en *a*, que je traduis en *i*, allaient s'effacer de la mémoire des dilettanti du lieu, devenu temple saint par les soins et la sublime intelligence de M. Lumley, ténor de la Grande-Bretagne, c'est-à-dire du pays le moins mélodique du monde...

Hélas ! hélas! hélas! cinquante fois hélas! les loges sont vides, le foyer est vide, les voix crient dans le vide ; et peu s'en faut que les nobles et belles dames arrivant de là ou de là pour savoir ce qu'il en est de cette splendeur morte, ne tricotent et ne cousent dans les baignoires et les loges en deuil.

L'Anglais est de race miaulique ; vous le savez, et vous donnez une direction de théâtre chantant à celui qui déchante, et qui n'a jamais connu que l'harmonie des guinées !!...

Sic transit gloria mundi... Encore un mot en *i*, par lequel mon article est fini.

Aujourd'hui.

Le malade va mieux, l'agonisant semble entrer en convalescence; une douce tiédeur arrive dans la chambre par la porte entr'ouverte ; les visiteurs sont moins rares; il y a des gants aux mains des hommes, des plumes aux têtes des femmes ; et, si ce n'est pas une résurrection, c'est au moins une transformation.

Ah ! c'est qu'il s'agissait d'une ruine et d'une tombe ! Il a fallu en appeler aux grands moyens, aux remèdes énergiques : les guinées ont couru après les ténors et les basses; la prima dona s'est humanisée à l'aspect des bank-notes, et le Théâtre-Italien s'est réchauffé à son lustre, à sa demi-foule, à ses demi-succès... Mais le coup fatal était porté, le cri de détresse avait retenti de toutes parts; et l'arrière-saison ne corrigera qu'imparfaitement les vices des débuts.

Soyons justes pour tous.

GUASCO.

Guasco est un chanteur digne de la haute réputation qui l'avait précédé parmi nous. Il phrase admirablement, il respire à merveille; ses cordes du médium sont pleines, vibrantes, et il attaque ses notes élevées avec une justesse remarquable. Guasco avait droit à ces lignes dans un livre écrit sans répulsions, sans sympathies.

GHISLANZONI.

Je voudrais bien pouvoir écrire que Ghislanzoni ne chante jamais faux et qu'il achève des phrases avec rondeur; mais ma plume se refuse au mensonge ; et, tout en reconnaissant quelques excellentes qualités à cette voix de baryton, nous ne pouvons nous empêcher de penser à Morelli, de mélodique mémoire, et de regretter les jours éteints.

BELLETTI.

Voici une basse-taille dans toute la valeur du mot, et que les enthousiastes opposent à Ronconi. Halte-là! Messieurs, celui-ci est complet comme chanteur et comédien ; celui-là, riche d'une excellente méthode et d'une voix métallique, nous a semblé manquer parfois d'ampleur et d'énergie.

Lablache, Ronconi, Belletti : les voilà classés tous trois selon leur mérite. La part du troisième est glorieuse.

Mme CRUVELLI.

On lui donne du drame, elle chante le drame; on lui donne de la vocalise, elle se lance dans les fusées, et c'est là une grande faute. Certes, oui, Mme Cruvelli est une grande artiste; sa voix se pose, elle monte avec facilité; ses notes basses ont une gravité qui rappelle d'un peu loin, cependant, l'inimitable Alboni; et ce n'est pas assez d'une cantatrice de ce mérite pour soutenir l'édifice chancelant livré à M. Lumley.

LORENZO MONTEMERLI.

Beau talent, beau caractère, belles manières, belle voix... Toutes ces précieuses qualités négligées, ou plutôt dédaignées par l'inhabile directeur!... Je vous l'ai déjà dit, les Anglais sont de race miaulique.

Mme CORBARI.

C'est une jeune et splendide Italienne, à la tête et au talent de Corinne, taillée pour chanter au Capitole, ou au cap Misène. Nous l'avons applaudie dans tous ses rôles; nous avons battu des mains à l'énergie de sa voix vibrante. Nous n'applaudirons plus bientôt ; car elle nous quitte, et son départ fait le vide dans notre pensée et dans notre cœur.

On nous avait fait espérer Mme Tasca-Taccani ; nous aurions absous Lumley ; mais la célèbre virtuose ne sera point engagée, et c'est nous qui souffrirons d'une maladresse, j'allais dire d'une ingratitude.

Vous parlerai-je des pléiades sans rayons tourbillonnant auprès des astres qui les éclipsent ? Je n'en vois pas la nécessité. Vous garderiez peu de souvenir de mes paroles, et chacun écrit pour qu'on le lise, pour ne pas être oublié... Glissons là-dessus.

FIN.

Paris.—Imprimerie de Mme Ve Dondey-Dupré, r. St-Louis, 46, au Marais.

COMPLÉMENT.

Pif! paf! pif! pouf! A la bonne heure, des chiquenaudes, mais pas de coup de hache ; va pour les ongles, mais point de massue... Erreur n'est pas crime, j'ai besoin de clémence et non pas d'absolution.

Pour dire tout ce que vous valez, Messieurs, il m'aurait fallu un gros volume ; pour écrire tout ce que vous croyez valoir, mesdames, il m'en eût fallu quatre, et quelques années de plus que celles dont le ciel veut encore m'appauvrir. Cependant, tout n'est point colère dans l'âme des personnages qui ont posé devant moi : bien des pressions de mains sont venues jeter un rayon de jour au milieu de mes ténèbres, et j'ai cru *voir* à l'harmonie des paroles amicales qui ont salué ma bienvenu dans quelques foyers, que j'étais moins anthropophage qu'on avait paru le craindre.

Complétons l'œuvre et demandons-nous comment notre plume a gardé le silence sur Obin et Depassio, basses admirables que Nestor traite en enfants gâtés, et que le public applaudit comme on le fait des talents de premier ordre.

Quittons l'Opéra pour le Vaudeville, et, le compas à la main, constatons que le chapeau de Félix est carrément placé...

1852

Cela dit, écoutons et battons de nos mains les plus énergiques à sa verve intarissable, à sa rondeur, à sa voix si bien façonnée au couplet. Quant à Fechter, peu s'en est fallu que cinquante jeunes filles éplorées ne m'arrachassent les yeux, parce que, selon elles, j'aurais dû parler de son talent dramatique, bien plus encore que de la coquetterie de ses allures. Fechter, la Dame aux Camélias te damnera dans l'autre monde si elle te glorifie dans celui-ci, et toi, Doche et Dumas, je vous vois cuisant déjà sous l'éternelle marmite; croyez-moi, faites pénitence.

Bonjour, Bathilde Augustine, du Gymnase; tu nous promets de ne plus courir l'univers, c'est bien; la femme qui voyage ressemble à ces torrents qui changent souvent de lit, et que les hasards grossissent dans leur course... Point d'enfantillage.

A propos de Carvalho, de l'Opéra-Comique, je vous ai parlé de Maurice, mon île chérie, et j'ai revu, avec le chanteur fêté, la rivière Noire, l'enfoncement des Prêtres, le morne des Signaux, les beaux champs de la Poudre d'or, et le poétique Pitter-Both, toupie de lave debout sur sa pointe, que l'ouragan arrachera un jour de sa base. Salut encore à Berger, fils de Maurice, que nous avons caressé à la Renaissance, et à qui j'envoie un bonjour fraternel, si le souvenir du *Réduit* ne lui a pas fait oublier ses amis d'Europe... Salam! salam!

J'ai vu l'ouragan furieux
Promener dans les airs, en un jour d'agonie,
Les panaches harmonieux
Sous lesquels autrefois s'abritait Virginie.
Eh bien! à ce chaos roulant autour de moi,
J'étais ému, mais sans effroi:
Le désordre souvent est riche d'harmonie.

J'avais décapité la Porte-Saint-Martin, rendons-lui toute sa sève et ses éléments de vitalité puisque Marc-Fournier a su les grouper auteur de lui.

Dix ans d'études ont fait de M. Valnay un comique de distinction. — Boutin aurait droit à une page d'éloges, les bravos de la foule le vengent de la brièveté de mes paroles;

c'est un comique à opposer au plus joyeux. — Colbrun vient après lui, mais sans transition; il est à peine distancé. — Vannoy joue tous les genres, et se fait applaudir dans tous.

M. Rey joue les troisièmes rôles; vous savez que les seconds sont au-dessus. — Alfred Baron dit la comédie en comédien, c'est une qualité qui se perd. — Qu'est-ce que Mme Person? Si vous ne le savez pas, tant pis pour vous, c'est que vous ne l'avez pas vue dans ses créations les plus heureuses. Dumas était l'inspirateur; le départ du Dieu n'a rien enlevé à la prêtresse ni de son énergie, ni de sa passion. — Delphine soit, mais pourquoi Baron, quand on s'appelle Marc Fournier? La seconde noblesse vaut mieux que la première, le talent n'a pas besoin de parchemin. — Isabelle Constant a succédé à Lia Félix; j'allais dire qu'elle l'avait remplacée; tout cela est gracieux et frais comme un bouquet de mai. — Jouvante, si j'en disais du mal, je mentirais à ma conscience, et l'on sait qu'elle n'est point élastique. — Saint-Hilaire est une Manon vraiment ravissante que les auteurs appelleront à leur secours quand ils auront besoin d'assurer un succès... je lui baise les mains des pieds à la tête. — Mme. Delille. Il n'y a point de particule, c'est un nom tout plébéien, son talent seul a des paillettes. — Bligny; à qui vais-je la comparer, sans lui rien ôter de son entrain? Ma foi, à elle-même, et si je ne lui consacre pas un plus long article, c'est que Procuste est à mes côtés.

Pardon à Josse des Délassements, le Bouffé de l'endroit, le comédien penseur que nous avons jeté dans la foule comme une étoile de troisième ordre. Sirius a plus d'éclat. — Pardon également à Roch, qui mérite une place à part, qui sait la prendre et la garder.

Fncore un mot pour M. Monet, qui étudie l'histoire et organise les drames de l'Ambigu comme le ferait un habile architecte, ou Martins, le peintre de l'espace.

Lablache vient de rentrer aux *Italiens*... Le tonnerre, l'orgue, le bourdon, la tôle battue par la raffale... tout cela de l'harmonie, tout cela Lablache, c'est-à-dire la première basse du monde. Peut-on mieux finir?

Et cependant, encore un oubli à réparer, encore quelques rimes pour nos amis.

Où va se caser Laferrière, aujourd'hui que le voilà revenu de Madrid, en deuil de son départ ? Il ira là si le directeur veut du drame, il se posera là si le théâtre veut de la comédie, et la foule se donnera rendez-vous où Laferrière fera entendre ses accents si sympathiques.

Mlle CORBARI

Jadis Corine au Capitole,
Par ses accords divins domptait le Peuple-Roi;
O toi ! de qui la voix nous charme et nous console,
Chante, l'esclave est là prêt à subir ta loi.

M. LORENZO MONTEMERLY.

On sait que Lumley et lui viennent de plaider... Au sortir de l'audience ce quatrain est tombé de notre plume :

Sur son prétendu droit, quand Lumley se repose,
Montemerly debout accepte le procès....
Qui pourrait douter du succès?
Apollon et Midas étaient tous deux en cause.

Paris.—Imprimerie de Mme Ve Dondey-Dupré, r. St-Louis, 46, au Marais.

www.ingramcontent.com/pod-product-compliance
Lightning Source LLC
LaVergne TN
LVHW020337230826
846091LV00003B/918

* 9 7 8 2 3 2 9 3 0 6 3 9 1 *